장수리스크관리

100세 시대 노후를 위한 리스크관리

장수리스크관리
Longevity Risk Management

100세 시대 노후를 위한 리스크관리

김재인 · 권성준 지음

by Kim Jae In · Kwon Sung Joon

100세 시대 행복한 나의 인생 노후설계를 위해 무엇을 준비해야 할 것인가? 100세 시대의 시작, 노후준비는 되었는가?

장수혁명으로 우리는 100세 이상 사는 시대가 도래하였다. 장수란 준비된 사람에게는 누구에게나 부러운 축복이지만 그렇지 않은 사람에게는 재앙이 될 수 있다. 장수가 축복이 되기 위해서는 이에 따른 위험에 대한 철저한 사전 준비가 필요하다. 장수리스크관리란 일찍 죽음을 맞이할 수 있는 조기사망리스크(Mortality Risk)와 생각보다 오래사는 장수리스크(Longevity Risk)를 포함한 의미로 사전적으로 잘 관리하여 더욱 즐겁고 의미 있고 보람된 노후의 생활을 추구하기 위함이다. 이를 위하여 필자는 재무영역으로 무전장수리스크관리, 건강영역으로 유병장수리스크관리, 활동영역으로 무업장수리스크관리, 인간관계영역은 독거장수리스크관리로 대별하여 관리해야 함을 본서에서 설명한다.

무전장수리스크관리에서는 은퇴를 위한 금융지식을 갖추고 은퇴설계를 통해 어떻게 노후자산, 즉 연금을 잘 만드느냐에 초점을 맞추어 추진하는 계획추진형 인간이 되어야 함을 강조한다. 한국의 노인빈곤율은 OECD 국가 중 1위로 노후의 자산관리는 가처분 소득

기준으로 재무적 목표를 설정하여 관리해야 하며 저축의 생애주기 이론에 의한 연금준비방법을 제시한다.

　유병장수리스크관리에서는 평균수명의 연장을 넘어 건강수명의 연장을 이루기 위하여 한국인들에 있어 가장 높은 사망 원인인 암, 특히 국가가 관리해 주고 있는 7대 암(위암, 대장암, 간암, 폐암, 유방암, 자궁경부암, 갑상선암)에 대한 관리 대책을 설명하였고, 이와 더불어 노인 연령군에서 이미 만성적으로 앓고 있거나 새로이 이환되는 대표적인 질환인 고혈압, 당뇨병, 대사증후군 및 치매에 대하여 기본적으로 숙지하고 있음으로써 해당 질환을 예방하거나 효과적으로 치료해 나감에 긴요한 정보들을 축약적으로 기술하였다.

　무업장수리스크관리는 일의 진정한 의미와 아울러 직업의 의미를 소명과 업보의 예를 들어 설명한다. 은퇴 이후의 삶에 대하여 챨스핸디가 언급한 포트폴리오 생활자를 소개한다. 세상과 더불어 행동하고 실천하는 삶으로 NGO 등 자원봉사활동의 참여를 권하며 내일의 일을 준비하고 개척하는 삶, 일을 통해 성장하는 삶, 진정한 변화의 삶에 대하여 언급한다. 마지막으로 인간의 성숙단계를 인간의 존재 이유와 존엄성, 인간 생명의 유지조건에서 자아가 형성되지 않아 생명체가 유지되지 못한 역사적 사건을 설명하고 하버드대학교 성인발달연구보고서에서 성인이 이루어야 할 발달 과업을 사회적 성숙과 정서적 성숙으로 구분하여 설명한다.

독거장수리스크관리는 좋은 관계는 좋은 삶을 만든다는 전제하에 "인간은 사회적, 정치적 동물이며 좋은 삶과 행복은 무엇일까?"에 대하여 설명하고 하버드 대학교 그랜드 연구진의 좋은 삶(Good life)에 대한 연구결과를 소개한다. 그리고 개인적인 친교 모임에서 좋은 모임이 되기 위한 구체적인 조건을 언급한다. 노후의 삶의 질을 향상하기 위해 무형자산의 중요성을 강조하고 노후의 무형자산의 종류에 대하여 설명하며 이의 실천사례를 소개한다. 마지막으로 노인의 공동체 가치의 의미와 중요성, 노인의 공동체 가치 증대를 위한 연구, 그리고 일본과 미국의 공동체 가치 선진국 사례를 소개한다.

노령 담론은 노년의 삶과 노화를 보는 일반적인 사고방식으로 "노년의 삶은 궁핍하고 이기적이며 쓸모없는 타자로 거듭난다"라는 은퇴자의 정체성 문제에 대한 노인들의 주체적인 대책을 세워 조화로운 삶을 실천해야 한다. 이러한 노령 담론에 대한 대책은 청년세대와 중장년세대에게 미래가 희망적이라는 근거를 제시하여 설득함으로써 우리 모두 더불어 잘 살 수 있게 하여야 한다.

필자가 본서를 마무리하면서 한양대학 의료원 병원장을 역임하신 권성준 박사와 공동 집필하게 된 것이 정말 잘 결정했다는 생각이 든다. 이렇게 함으로써 장수리스크관리의 중요한 분야인 건강에 관한 양질의 전문적 지식을 독자에게 전달할 수 있게 되었다. 장수리스크관리는 노후생활의 다양한 분야의 융합과 균형이 필요한 분야로 협업은 선택이 아니라 반드시 해야만 하는 필수적 과업임을 깨닫게 되었다.

　장수리스크관리에 대해 준비하고자 하는 이유는 은퇴는 설렘이고 준비된 자만이 제2의 인생을 즐겁게 살 수 있기 때문이다. 내 인생 최고의 황금기는 은퇴 이후이고 노인세대의 창조적 활동과 사회참여를 통해 남은 인생을 스스로 행복해하고 마지막까지 아름답고 의미 있는 삶이 되어야겠다는 것을 이 책을 통해 알게 되기를 기대한다.

　끝으로 본서의 출판을 기꺼이 허락하여 주신 한국학술정보(주) 채종준 사장님과 세심한 배려로 집필을 꼼꼼히 챙겨주신 신수빈 대리님께도 감사의 말씀을 드린다.

2019년 10월
김재인, 권성준

|목 차 |

제1부

::

장수리스크관리
총론

노인 기준을 65세로 잡은 사람은 독일 재상 비스마르크였다. 이때 가 1889년이었으니 130년 전이고 당시 독일인 평균수명은 49세였 다. 현재 일본인의 평균수명은 84세로 일본정부는 정년을 70세로 연 장하는 방안을 논의하고 있다. 분명한 것은 4차 산업의 정보기술과 생명공학 분야의 발전으로 우리의 기대수명이 훨씬 연장될 것으로 예상된다.

세상에 저절로 잘되는 일이란 없다. 게으른 자에 대해 하늘이 주 는 벌은 실패이고 불행한 삶이다. 우리 몸은 마음먹은 대로 변한다. 몸이 시키는 대로 편안하게 살면 짧게는 편안하지만 몸은 엉망이 되 어 가고 오래 살기가 어렵다. 그래서 내 몸의 건강은 내가 지킨다는 강한 신념, 매사에 긍정 마인드, 올바른 마음가짐, 건강한 생활습관 그리고 좋은 인간관계 노력 등 100세 시대 행복한 나의 인생설계에 중요한 심득(心得) 사항들이 노년을 정말 위대하고 아름다운 여정으 로 이끌 수 있다. 내 인생에서 무엇이 중요한지를 다시 한번 진지하 게 생각하고 내가 소중하게 여기는 가치와 꿈을 실현하기 위해 지금 무엇에 집중해야 하는지 그리고 장수혁명으로 내 몸과 마음을 더 적 극적으로 관리하여 건강하게 100세 이상 사는 시대가 도래되었으니 이에 대비하자.

노화로 인한 자연수명을 대략 120∼130세로 본다고 한다. 자연수명이란 우리의 인체가 요구하는 자연법칙에 따라 생활하는 습관을 가지고 그에 따른 인생을 산다면 병에 걸리지 않고 살 수 있는 수명이다. 따라서 인체가 요구하는 생활습관에는 어떠한 것이 필요하고, 운동 등 실생활에 적용해야 하는지 구체적으로 공부하고 연구해야 한다. 즉 자연수명(120세), 기대수명(약 83세), 건강수명(약 73세), 활동수명(약 60세), 관계수명(인간관계)이 모두 일치하는 야무진 꿈을 가지고 살아야 한다. 단지 오래 사는 것이 아니라 건강하고 행복하게 자신의 꿈을 이루면서 100세 이상 오래 사는 장수를 최상의 목표로 삼는다.

제1의 인생에서 학부와 대학원에서 금융리스크관리와 가치평가 등 경영학 중 재무관리 분야를 강의해 왔다. 특히 "금융리스크관리"가 나의 주전공 분야로 대학에서 연구하고 집필(『금융리스크관리』 제5판)하는 데 오랜 시간을 보냈다. 특히 금융리스크관리 교재를 가지고 위험관리론, 금융리스크관리, 금융기관경영론이란 강의 제목으로 강의해 왔다. 장수란 준비된 사람들에게는 누구에게나 부러운 축복이지만 그렇지 않은 사람들에게는 위험한 저주가 될 수 있다고 생각한다. 장수가 축복이 되기 위해서는 이에 따른 위험에 대한 철저한 준비가 필요하다. 그래서 제2의 인생을 맞이한 이제부터는 나의 주전공 분야를 장수리스크관리로 정하고 100세 시대 바람직하고 행복한 노후의 삶을 사는 데 스스로 노후에 당면한 리스크를 사전적으로 준비하고 관리해야겠다. 우리 앞에 펼쳐질 장수시대는 우리의 인생을 우리가 원하는 대로 완성할 수 있는 무한한 가능성을 품고 있다. 나는 장수리스크관리의 집필을 선택하고 새로운 나의 일(업)을 열려고 하는 의도도 포함되어 있다.

장수리스크관리란 외로움, 병, 돈 등으로 100세를 못 채우고 조기에 죽음을 맞이할 수 있는 리스크를 조기사망리스크(Mortality Risk)라 하며 인구의 평균수명이 급속도로 늘어나 본인이 생각한 것보다 오래 살게 되는 리스크를 장수리스크(Longevity Risk)라 한다. 장수리스크관리(Longevity Risk Management)는 조기사망리스크와 장수리스크를 합한 개념으로 이를 사전적이고 체계적으로 잘 관리하는 것을 의미한다.

장수리스크관리의 목적은 자신의 노년에 무엇을 추구하며 어떻게 살지를 적극적으로 선택하고, 그 삶을 건강하고 행복하게, 재미와 보람과 의미가 넘치는 삶으로 이어지는 데 보탬이 되기 위함이다. 우리 나라의 경우 산업화 직전인 1960년대 평균수명은 52세였다. 1987년에 70세에 이르렀고 지금은 80세를 이미 넘긴 상태다. 산업화 이전과 비교해 보면 30년 이상을 더 살게 된 셈이다. 우리 앞에 펼쳐질 장수혁명시대는 자기실현을 통해 삶에 의미와 가치를 부여하고, 우리의 인생을 원하는 대로 완성할 수 있는 무한한 가능성을 품고 있다.

구체적으로 장수리스크관리를 1) 無錢長壽리스크관리, 2) 有病長壽리스크관리, 3) 無業長壽리스크관리, 4) 獨居長壽리스크관리의 네 가지 기둥으로 대별하여 기술하고자 한다. 1) 무전장수리스크관리, 3) 무업장수리스크관리, 4) 독거장수리스크관리는 김재인 교수가 집필하고, 2) 유병장수리스크관리는 권성준 교수가 집필하기로 역할 분담하였다. 장수리스크관리에서 건강이 차지하는 비중은 크며 의학 전문적인 지식이 필요한 분야이다. 마침 같은 친교모임에서 오랫동안 절친으로 지낸 권성준 박사께 유병장수리스크관리에 대한 집필을 의론했을 때 쾌히 승낙하시고 공동 집필해 주신 데 진심으로 감사의 말씀 드린다. 권 박사는 현재 한양대학교 의과대학 정교수로 재직 중이시다. 동 대학 의료원 기획실장을 거쳐 병원장을 역임했다. 학회활동에도 관심과 열정이 커서 대한위암학회 편집위원장을 거쳐 대한위암학회 회장을 경험하신 분으로서 유병장수리스크관리를 집필함에 적임자라고 확신한다.

위의 네 가지 장수리스크관리 범주는 두레박이론이 적용되어 관리되어야 함을 미리 언급하고 싶다.

두레박은 우물에서 물 긷는 기구인데 여러 개의 나무판자를 잇대어 만든 나무물통으로 촘촘히 세워진 나무 기둥만큼만 물이 차므로 식물의 최소율의 원칙(양분, 수분, 온도, 광선: 리비히의 최소율의 원칙이라고도 함)이 적용된다. 스티브 잡스나 이건희 회장처럼 무전장수리스크에서는 만점에 가깝지만 건강이 안 좋으면 유병장수리스크에서 하위 점수가 본인의 실제 장수리스크관리 점수가 되는 것이다. 일반적으로 장수리스크관리 전략으로 추천하고 싶은 것은 무전장수리스크의 점수를 높이기보다 나머지 세 부분을 관리하는 것이 노년에 보다 효율적인 장수리스크관리가 된다. 재무(돈), 건강, 일 그리고 외로움을 이겨 내는 인간관계의 요소가 균형을 이룰 때 비로소 장수시대를 위험이 아닌 기회로, 저주가 아닌 축복으로 살아갈 수 있다. 장수리스크가 효과적으로 관리되면 노후생활을 풍요로운 축복의 삶으로 살아갈 수 있다.

삼성생명과 서울대 노년은퇴설계 지원센터가 공동으로 개발한 지수로 종합은퇴준비지수가 있다. 은퇴 이후의 삶을 결정하는 생활영역을 크게 4가지 영역, 즉 1. 재무영역, 2. 건강영역, 3. 활동영역, 4. 관계영역으로 나누며 종합은퇴준비지수는 위험수준(0~50점), 주의지수(50~70점), 양호지수(70~100점)로 결과가 산출된다. 2016년 우리나라 국민의 평균 종합은퇴준비지수 산출 결과 55.5점으로 주의 단계로서 많은 은퇴준비가 필요함을 나타낸다.

종합은퇴준비지수 산출 항목과 장수리스크관리 내용을 비교해 보면 다음과 같이 대칭됨을 알 수 있다.

1. 재무영역 → 무전장수리스크
2. 건강영역 → 무병장수리스크
3. 활동영역 → 무업장수리스크
4. 관계영역 → 독거장수리스크

종합은퇴준비지수 산출 내용과 장수리스크관리 내용을 비교해 본 결과 본서에서 집필코자 하는 100세 시대 노후의 장수리스크관리를 연구하는 관점과 종합은퇴준비지수의 산출 구분 내용이 유사하게 접근하고 있음을 알 수 있다.

인간의 평균수명이 연장됨에 따른 제2의 인생을 살아갈 장수리스크관리가 새로운 화두이다. 행복한 인생의 지침서로서 다음과 같은 경구를 늘 생각하며 제2의 인생의 행복을 꿈꾸고 준비하며 사는 것이 인구통계학적 패러다임 변화에 편승하는 삶의 형태로 생각된다.

"인생을 즐겁게 살려면 준비해야 한다."
"준비된 자는 스트레스가 없다."

"준비가 되면 즐기게 된다."
"준비된 자만이 인생을 즐겁게 살 수 있다."
"준비된 은퇴는 설렘이다."

제1의 인생과 제2의 인생의 목표와 추구하는 바는 사뭇 다르다. 우선 제1의 인생과 제2의 인생의 특징을 비교하여 각각의 내용과 의미에 대한 새로운 관점들을 발견하고 그 의미를 되새겨 보고자 한다.

제2부

::

"제1의 인생"과
"제2의 인생"의 비교

제1의 인생과 제2의 인생은 과연 무엇이 다른 것일까?

제1의 인생은 사회에 진출하여 직업을 가지고 사회인(社會人)으로 살아가는 기간을 의미하며 제2의 인생은 퇴직 이후 은퇴하여 사망하기 이전까지의 자연인(自然人)의 삶으로 이해된다.

제1의 인생과 제2의 인생의 차이점을 다음과 같이 비교 설명해 보는 이유는 각각의 주어진 환경과 지향하는 목표가 다르기 때문에 이를 정확히 인식하는 것이 앞으로 제2의 인생을 보람 있게 보내는 데 도움이 된다고 생각하여 주요 관점별로 차이점과 관련된 의미를 기술해 보고자 한다.

1.

제1의 인생	제2의 인생
직업	업(業)

제1의 인생의 필수요건은 직업을 갖는 것으로 각자 명함이 있고 제2의 인생에서는 직업 대신 업(業)에는 명함이 없다. 업은 해야 할 일을 뜻한다. 직업에는 기한(duration)이 있지만 업에는 기한이 없기에 인간으로서 죽는 날까지 해야 할 일이 있다. 자기가 무슨 일을 하

고 남은 삶을 어떻게 보낼 것인가에 대해서는 나만이 고독하게 찾고 해결해야 할 몫이다.

내 자신이 가장 좋아하고 재미있는 일은 과연 무엇일까? 제2의 인생에서 가장 중요한 명제라 생각된다. 내가 찾은 그 일이 그간의 동료 그리고 다른 새로운 사람들과의 관계 맺기로 확장하는 노년이라면 더욱 좋겠다. 성경에서는 허무한 인생보다는 "사명 있는 인생"으로 살기를 원한다. 인간 각자에게 부여한 일, 즉 사명(calling)이 목숨보다 중요함을 언급하고 있다.

2.

제1의 인생	제2의 인생
구속과 이익	자유와 선택

제1의 인생에서는 직장이라는 단체(회사)의 구속(bondage)된 생활의 범주이고 대외적인 인간관계에서는 이익이 최우선시된다. 즉 주어진 울타리에서 돈을 벌어 가족을 부양해야 한다. 그러나 제2의 인생에서는 구속과 이익추구의 활동에서 비교적 자유스럽다. 젊어서는 직장 다니느라 내가 하고 싶은 일을 제대로 못 했다면 이제는 마음대로 하고 싶은 일을 선택해서 할 수 있다. 자유로운 생활의 특권을 누리는 것은 으뜸의 가치로 생각되며 개인 각자 나름대로 선택한 삶이 무엇보다 소중하다. 그래서 하루를 계획 없이 그냥 보내는 일은 없어야겠다. 매일 새로운 경험들을 기다리고 만끽하는 도전하는 시간이면 좋겠다. 최고인 자는 최고의 선택을 하는 자가 아니라 자신

의 선택을 최고로 만드는 자이다. 누구에게도 구속되지 않는 프리랜서 자유인이 되기를 원한다.

모든 사람에게 몇 개의 양도할 수 없는 권리를 하나님은 부여하였다. 그런 권리 중에는 생명과 자유와 행복의 추구가 있다. 미국 독립선언문의 일부 내용이다.

미국의 헌법전문(preamble)의 끝부분에 "우리와 우리의 후손에게 자유와 축복을 확보할 목적으로 미국을 위하여 이 헌법을 제정한다"라고 명시된 것을 보아도 자유와 축복이 인간 행복에 가장 중요한 요소임을 느끼게 한다. Liberty는 헌법에서 보장하는 인간다운 삶을 위한 보편적인 광의의 자유를 나타내고 프랑스혁명 때 외쳤던 인간다운 삶을 위한 자유이다. Freedom은 억압이나 구속 없이 누릴 수 있는 개인적인 자유로서 신대륙의 청교도인들이 구속 없이 살아갈 수 있는 협의의 자유를 의미한다. 축복은 하나님이 주신 복으로 미국인들은 재채기를 한 사람에게 꼭 "God bless you(저런, 몸조심하세요)"라고 한다.

3.

제1의 인생	제2의 인생
일 있는 삶과 경영학/경제학	여유로운 삶과 인문학

제1의 인생에서는 일이 생활의 중심이 되어 효율성, 효과성 그리고 유연성을 추구하는 경영학이 주요 연구의 대상 학문이 된다. 제1의 인생에서는 회사에서 주어진 경영관리업무를 수행하기 위해서

그리고 경제활동을 통해 돈을 벌기 위해서 주로 경영학과 경제학에 관심을 갖고 공부한다. 반면, 제2의 인생에서는 자유롭고 여유로운 삶을 추구하기에 자발적으로 인문학을 배운다. 철학, 역사, 문학, 예술 등 인문학이 주요 관심의 대상 학문이 되고 인문학의 배움은 제2의 인생을 가치 있고 의미 있는 삶으로 인도하는 데 실질적인 도움이 된다. 지식기반보다 인간을 인간답게 만드는 지혜기반이 더 요구된다.

4.

제1의 인생	제2의 인생
성공 추구의 삶	즐겁고 의미 있는 삶

미국 배우 겸 작가 메이 웨스트(Mae West)가 인용하고 오바마 전 대통령이 건강보험 개혁안을 주장할 때 사용하면서 이 말은 빨리 퍼져 나갔다. "YOLO(You Only Live Once)", 욜로이다. "인생은 한 번뿐이니 하고 싶은 일을 마음껏 하고 살아라." '욜로'의 삶은 누구나 누릴 수 있는 것이 아니기에 몸과 마음이 바쁜 제1의 인생의 사람들에게는 꿈과 같은 이야기이다. 욜로의 삶은 제2의 인생에서 어울리는 말이다.

제1의 인생에서는 직장에서의 성공 추구의 삶이 요구된다. 따라서 성공은 제1의 인생에서 가장 귀중한 말이 된다. 효율과 실적을 중시하는 자본주의의 경쟁적인 사회에서 성공은 우리에게 많은 중압감과 피로를 누적시킨다. 지금까지 성공을 위한 경쟁적인 삶에서 가치와 의미 있는 삶으로 방향키를 틀어야 한다. 그리고 제2의 인생에서는 보다 즐겁고 의미 있고 보람된 생활을 추구한다. 즐거운 생활이 지속적이고 오래가기 위해서는 즐거움과 의미가 만나는 접점을 찾도록 노력해야 한다. 우리의 모임들은 건강과 즐거움(재미)과 의미가 만나는 곳이라야 한다. 행복에 대한 나의 자족할 수 있는 실천도 중요하다. 행복은 감정이라서 저축되지 않는다고 한다. 따라서 행복의 크기(Severity)가 아닌 빈도(Frequency)가 훨씬 중요하여 소확행(소확행은 작지만 소소한 행복이라는 의미의 신조어로 일본의 소설가 무라카미 하루키가 처음 사용한 말이다)인 "일상(日常)의 즐거움"의 소중함을 느끼자. 평소에 조용하고 소박한 일상의 삶 속에 녹아 있는 소확행의 행복론이다. 그래서 나는 전쟁의 반대는 평화가 아니라 일상이라고 강조하고 싶다.

5.

제1의 인생	제2의 인생
돈: 저축과 투자의 결과	돈: 즐거움의 寶庫

일반적으로 노후 재무준비는 노년기에 겪게 될 어려움에 대비하여 노후에 필요한 자원들을 마련하고 각자 원하는 노후 생활을 유지하기 위한 재무적 과정과 계획을 말한다.

제1의 인생에서의 돈은 저축과 투자의 수단을 통해 경제적 부를 축적한다. 자신의 사회적 가치를 극대화하고 전 생애를 통해 재무적 안정을 뒷받침할 자산의 축적을 목표로 살아간다. 그러나 제2의 인생에서의 돈은 기본적인 생계유지 보장과 즐거운 생활을 하기 위한 절대 필요조건으로서 "즐거움의 보고(Reservoir of pleasure)" 역할을 한다. 그래서 노인이 무전장수(無錢長壽)리스크를 대비하기 위해 가능한 한 돈을 아껴 쓰고 부족함이 없이 오래 쓸 수 있도록 애쓴다("細水長流"). 그래서 제2의 인생에 접어들면 대부분의 사람들은 새로운 수입원이 없기에 돈 저수지의 수위를 감안하여 지출을 하려고 노력한다. 제1의 인생에서 돈을 벌 때는 시장의 공정한 법칙을 따르지만 제2의 인생에서 돈을 쓸 때는 각자의 도덕적인 가치관의 개입이 더욱 중요하다. 돈에 대한 인격은 돈의 올바른 사용법과 더 밀접한 관련이 있다. 그래서 돈은 개처럼 벌어서 정승처럼 쓰라는 속담이 있는가 보다.

6.

제1의 인생	제2의 인생
돈: 유부남(有負男)	돈: 무부남(無負男)

제1의 인생에서의 돈은 유난히 부담이 있는 이익적 관계(유부남: 유난히 부담이 있는 남자) 속에서 사용된다. 따라서 대개 식사대접은 乙이 甲을 위해 돈을 지불한다. 그러나 제2의 인생에서는 돈을 사용하는 데 따른 부담을 각자가 싫어하기에 매사에 더치페이(Dutch pay)를 원한다. 돈 사용에 따른 부담을 싫어하기에 무부남(無負男: 유난히 부담이 없는 남자)이 되기를 원한다. 노년에는 돈의 사용에 따른 즐거움의 보고의 잔고가 감소되는 것을 두려워하기 때

문이다. 각자가 가지고 있는 돈의 크기는 곧 그들이 가지고 있는 즐거움의 보고(寶庫)의 잔고(크기)와 비례한다고 생각한다.

7.

제1의 인생	제2의 인생
강제적인 공부	자발적인 배움

제1의 인생에서는 직장에서의 돈을 벌기 위해서는 강제적으로 경영학 등 업무와 관련된 공부를 한다. 그러나 제2의 인생에서는 의미 있고 보람된 삶을 영위하기 위해 자발적으로 인문학을 배운다. 제2의 인생에서의 배움은 불안으로 만들어진 불투명한 장막을 걷어 주고 미래를 뚜렷하게 볼 수 있는 혜안을 열어 주기 원하기 때문이다. 배움을 이어 가기 위해서는 많은 인내와 노력이 필요하다. 배우기를 평생 멈추지 않아야 한다. 우리는 "배워야 산다"가 아닌 "배워야 100세 이상 건강하게 살 수 있다"는 강한 신념이 필요하다. 건강, 체육, 철학, 문학, 예술, 역사, 언어, 종교 등에 관심을 갖고 배워 익힌다. 이를 통해 인생의 가치를 탐구하고 자기의 내면의 성장을 도모하여 의미 있는 삶을 살기를 원하기 때문이다. 공부는 성공하기 위해 의무적이고 강제적인 뉘앙스가 있는 반면 배움은 진정한 나 자신의 성숙을 위해 스스로 그리고 자발적인 시도의 의미가 포함되어 있다.

제1의 인생	제2의 인생
테스토스테론과 세로토닌	세로토닌과 옥시토신

　제1의 인생에서는 남자는 자신의 종족을 퍼트리고자 하는 본능을 가진 테스토스테론 호르몬의 영향으로 인류의 발전과 전쟁역사를 이룬 원동력이 되었다. 테스토스테론은 남성이 남자답게 보이는 성장에 중요한 역할을 한다. 근육과 뼈, 체모의 발달에 필요하고 기억력과 인지능력을 높이는 기능도 한다. 남자가 예쁜 여자를 쳐다보는 것은 하나님이 그렇게 만들었기 때문이다. 테스토스테론의 양이 많아지면 위험의 감수성향이 강해 도박, 로또 구매의욕이 높아진다. 여자는 사랑의 감정을 느끼는 세로토닌 호르몬이 필요했다. 그러나 제2의 인생에서는 가족으로서의 공동의식과 유대감 그리고 지극한 행복감을 느끼는 사랑과 믿음의 세로토닌과 옥시토신의 호르몬이 중요하다. 특히 옥시토신은 여성이 모성애를 갖게 하는 호르몬으로 화목한 가정을 이루는 원동력이 된다. 여자는 관계 지향적으로 가정의 평화를 위한 역할에 절대적이다. 제2의 인생에서 최대의 위기인 독거장수(獨居長壽)리스크를 방지하기 위한 부부애를 지속적으로 유지하기 위해서 이의 관리는 반드시 필요하다.

　호르몬은 혈당, 혈압을 정상적으로 유지하게 하여 신체성장과 발달, 대사, 항상성 유지 등 각종 역할을 한다. 제2의 인생에서도 남성호르몬(근육), 여성호르몬(에스트로겐), 인슐린호르몬, 갑상성호르몬, 성장호르몬, 멜라토닌호르몬(잠), 스테로이드호르몬(피부염), 도파민

(짜릿한 감정을 느끼게 해 줌), 세로토닌(행복·안정감을 느끼게 해 줌), 엔도르핀(통증을 없애는 치유호르몬) 등의 호르몬이 잘 분비될 수 있도록 운동 등 관리에 소홀하지 않아야 한다.

9.

제1의 인생	제2의 인생
사장(CEO)	아우라(Aura) 혹은 품격

제1의 인생에서는 직장에서의 수장인 사장(CEO)을 지향한다. 그러나 제2의 인생에서 재미있고 의미 있는 삶을 영위하기 위해서는 아우라(Aura: 독특한 품위와 품격) 있는 인격자가 되어야 한다. 필자가 설악산을 등반하였을 때 설악산의 아우라와 함께 산에도 격이 있음을 느낄 수 있었다. 물건에도 격(格)이 있고 인간에게도 격(格)이 있다. 우리는 세상 기준으로는 계산할 수 없고 말로도 표현할 수 없는 가치를 품격이라고 부른다. 분명 노인에게도 품격이 있다고 생각되고 제2의 인생이 성숙한 삶이 되기 위해서는 반드시 필요하다. 노인에게도 무엇이라도 흥미롭고 가치 있는 일을 한가지 절도있게 꾸준히 하면 오늘이 소중하고 내일이 기다려지는 생을 살 수 있지 않을까 생각이 들고 이것은 분명히 나의 품격을 올릴 수 있는 길이다. 이탈리아의 영화감독이자 배우 로베르토 베니니는 영화 <인생은 아름다워>를 통해 "힘들지만 이겨 낼 만큼 소중한 가치가 있는 것이 바로 인생"이라고 이야기했다. 소중한 가치와 품격을 지닌 우리들의 제2의 인생을 아름답게 축복 속에서 보내기를 진심으로 기원한다.

10.

제1의 인생	제2의 인생
객관적 사고/ 미래	주관적 사고/ 현재

　제1의 인생에서 특히 직장에서는 남에게 공감을 얻을 수 있는 합리적 자료에 의한 객관적 사고가 중요하다. 그리고 대부분의 회의는 자기 회사의 미래의 영업이익(E^{t+1}) 증대가 주된 관심 내용이 된다. 그러나 제2의 인생에서는 과거에 대한 상처와 후회를 잊어버리고 미래에 대한 두려움과 걱정을 떨쳐 버리고 현재의 나에 대해 주의를 기울이고 지금 이 순간을 그대로 받아들이는 현재의 존재가 중요하다. 현재(present)는 하나님이 준 선물(present)이며 현재보다 힘2센 미래는 세상에 없다. 이를 위해 몸과 마음을 다스리는 명상(meditation)과 마음 챙김(mindfulness) 등의 훈련을 한다. 지금 이 순간 있는 그대로 자신만의 가치로 보려는 현명한 자세와 주관적인 사고가 필요하다. 내 삶이 괜찮다는 주관적인 만족도와 긍정적인 정서를 지닌 주도적인 삶이 중요하다.

11.

제1의 인생	제2의 인생
미래는 준비하는 자의 몫이다.	미래(내일)의 일을 개척하라.

　제1의 인생에서는 미래 지향적(forward looking)으로 오늘을 살면서 내일의 삶을 준비하는 자가 대개 성공한다. 그러나 제2의 인생에

서는 자기만의 일(業)을 찾고 애써 만드는 자가 의미 있고 가치 있는 삶을 영위할 수 있다고 생각한다. 은퇴(Retire)는 "새 바퀴(Re-tire)를 다는 것"으로 그간 수십 년 일하며 얻은 지식과 경험, 노하우로 새로운 영역을 개척하고 봉사하는 것이다. 사업적인 성공보다는 자신만의 주체적인 삶을 영위할 자유가 더욱 중요하다고 생각한다. 다양한 활동으로 삶의 포트폴리오를 구성하는 포트폴리오 생활자, 독립생활자, 프리랜서로서 나만의 콘텐츠를 지속적으로 개발하고 "1인 지식기업"으로 성장해야 한다.

제1의 인생과 제2의 인생의 비교에 대한 맺음말

- 제1의 인생과 제2의 인생의 목표와 추구하는 바가 다름을 기술하고 각각의 의미를 기술해 보았다. 앞서 열한 가지 구분 이외에도 더 많은 제1의 인생과 제2의 인생의 구별된 관점들이 있다고 생각되어 앞으로 새로운 관점들을 발견하고 그 의미를 되새겨 보는 것은 중요하다. 이는 각각의 인생의 명확한 목표와 추구하는 바를 인지하여 바람직한 목표에 맞는 삶, 즉 초점 있는 삶을 영위하기 위함이다. 우리가 제1의 인생을 그리워해도 이미 지나간 과거이고 우리에게는 현재와 앞으로 살아갈 제2의 인생이 더욱 중요하기 때문이다.

- 성경 창세기 아브라함시대에 죄악의 "소돔과 고모라 성"에 대해 하나님은 유황과 불을 내리어 멸망시켰다. 성으로부터 도망 나온 롯의 가족 중 롯의 아내는 뒤를 돌아보았으므로 소금기둥으로 변하였다. 우리는 제1의 인생을 회상하는 과거 지향적

(Backward looking)이 되어서는 결코 안 되며 제2의 인생에 초점을 맞추어 앞으로 살아가야 할 미래 지향적(Forward looking)이 되어야 할 것이다.

특히 최근에 고령화가 진전되고 인간수명이 연장되어 100세 시대가 도래하였다. 한국은 65세 이상 인구비율이 14%를 넘어 고령사회에 진입했다. 은퇴 이후의 삶은 인생의 3분의 1 이상인 40년이라는 긴 기간이다. 최근 조기 은퇴연령이 50세 초반임을 감안하면 50년의 긴 제2의 인생을 보내야 하기에 이에 따른 준비와 관점은 각별히 필요하다. 내 인생 최고의 황금기는 은퇴 이후였고 60세에서 75세까지가 인생의 황금기라고 김형석 교수께서 말씀하셨다. 결국 제2의 인생 여정을 물러나는 隱退가 아니라 반짝반짝 빛나는 銀退를 맞이하기 위해서는 나이가 많아 쇠퇴하는 사람(老人)이 아니라 매사에 노력하는 사람(努人)이 되어야겠다. 노력을 이기는 재능은 없고 노력을 외면하는 결과도 없기 때문이다. 노력할 수 있는 능력이 최고의 능력이다. 잘 늙고 싶다. 노인은 늙은 결과가 아니라 살아온 것들의 결과들이다. 나이 듦을 긍정적으로 받아들이고 변화를 잘 수용하여 무엇이든 끊임없이 탐색하여 자기 안을 파고들어 내면의 소리에 집중하여 몰두할 자기 세계가 있는 사람이 되어야겠다. 자아를 성숙시키고 삶을 풍요롭게 만들어 무조건 오래 사는 게 중요한 게 아니라 스스로 생각하며 만족해하는 잘 성숙된 노인의 모습을 생각해 본다. 은퇴 전에는 먹고살기 위해 일을 했다면 은퇴 후에는 새로운 재미와 가치를 찾고 실현하기 위해 몸과 마음을 움직여야겠다. 노인 세대의 성장 가능성에 초점을 두고 창조적 활동과 사회 참여를 통해 의미 있는 노년을 찾는 제반 활동으로 "창의적 노화(Creative Aging)"의 개념을 삶에 적용하여 남은 인생을 스스로 행복해하고 나 자신이 기쁜 삶을 스스로 만들어 마지막까지 아름답고 의미 있는 삶이 되기를 기원한다.[1]

제3부

::

장수리스크관리
각론

제1장 무전장수리스크

1. 은퇴를 위한 금융지식

1) 은퇴를 위한 금융지식의 필요성

최근 우리나라도 노령화의 진전으로 개인의 투자 특히 연금에 대한 필요성을 인식하여 더 많은 사람들이 준비의 의무감을 느끼고 있다. 하지만 그중 많은 사람들이 금융지식이 부족하여 은퇴준비의 어려움에 부딪히곤 한다. 대다수의 사람들은 인플레이션, 분산투자와 복리 등 기본 금융지식에 대해 그들이 실제로 알고 있는 것보다 더 많이 알고 있다고 생각하는 경향이 있다. 낮은 개인 저축률, 빈번한 개인파산, 노인 빈곤층 전락 등은 시민들의 재무지식이 얼마나 부족한지를 여실히 보여 준다. 정부는 추후 퇴직 후 삶을 위한 자금을 마련할 능력이 없는 사람들로 인해 겪을 재정적인 문제에 대해서 연구하고 있다. 해결책의 일환으로 금융감독원과 한국은행은 2014년부터 2년마다 경제협력개발기구(OECD) 산하의 금융교육 국제협의체인 INFE(International Network on Financial Education)가 제정한 기준에 따라 성인을 대상으로 금융이해력 수준을 측정해 오고 있다. 3회차인 올해 2019년에는 두 달간 전국 2,400가구를 대상으로 직접 면접방식으로 설문조사를 하였다. 금융이해력은 금융지식, 금융행위 및 태도 세 분야로 측정되는데 우리나라는 OECD 16개 회원국 평균(64.9점)을 소폭 웃도는(66.2점) 수준이다. 분산투자 등 투자 기본원칙과 관련한 금융지식은 비교적 높은 수준으로 나타났지만 스스로를 과대평가하는 경향이 있어 금융사기의 덫에 걸릴 위험에 많이 노출돼 있는 것으로 나타났다. 특히 과소비 경향 등으로 인해 금융행위 및 태도는 OECD 16개국 평균을 크게 밑도는 수준이다. 금융교육을 하는 이유는 금융지식을 향상시키는 데 그치지 않고 금융행위 및 태도의 개선으로 이어지게 함으로써 궁극적으로 금융복지를 달성하는 데 있다. 금융지식에 대해 충분히 이해하고 있는(Financial Literacy 혹은 Financial Capability) 국가의 사람일수록 미래를 대비한 은퇴설계를 통해 더 많이 저축하고 장기적으로 더 높은 수익을 얻는 노후의 부유층으로 나타났다. 많은 노후의 부유층은 앞서 언급한 금융지식을 갖추고 은퇴 이후 미래에 일어날 자신의 일들을 스스로 계획하고 스스로 만들어 가는 그리고 차근차근히 추진해 나가는 계획추진형 인간이 되어야 함을 잊지 말아야 한다.[2]

2) 은퇴설계

은퇴설계는 제1의 인생에서 저축과 투자로 돈을 벌어 은퇴 이후에 정해진 시점에 정해진 금액이 죽을 때까지 나오는 현금흐름 창출 시스템을 구축하는 과정이라 할 수 있다. 이런 점을 고려할 때 국민연금, 개인연금, 주택연금은 주목할 만한 주된 노후자산이다. 따라서 무전장수리스크관리는 어떻게 노후자산을 잘 만드느냐에 초점을 맞추어야 한다. 그리고 제2 인생의 재무목표는 남에게 사기당하지 않고 내가 제1의 인생에서 형성한 돈을 유지하는 "守城"의 개념이 중요하다. 젊었을 때는 재기의 기회가 주어지지만 노후에 겪는 실패는 치명적이기 때문이다. 그리고 재무적으로 남과 비교하지 않는 나 나름대로의 삶도 중요한 척도로 생각한다. 노후에 행복해지기 위해서는 돈은 필요조건이기는 하지만 돈이 있다고 반드시 행복하다는 충분조건이 아님을 명심해야 한다. 은퇴설계는 개인 재무계획의 일부로서 생애주기별로 개인 재무설계를 하여야 한다.

생애주기별 재무설계를 작성할 때 참고가 되는 고사성어

20대 登高自卑(등고자비) - 높은 곳에 오르려면 낮은 곳에서 출발해야 한다.
30대 積小成大(적소성대) - 작은 것을 쌓아 크게 만든다.
40대 過猶不及(과유불급) - 지나친 것은 미치지 못한 것과 같다.
50대 有備無患(유비무환) - 평소에 준비가 철저하면 후에 근심이 없다.
60대 安分知足(안분지족) - 분수에 만족하여 다른 데 마음을 두지 않는다.

3) 한국의 노인 빈곤율

우리나라 수출은 한국무역규모 1조 달러로 세계 6위, 전체 국가 GDP 순위 11위, 1인당 GDP 29,743달러로 세계 26위이다. 30-50클럽(국민소득 3만 달러, 인구 5,000만 명 이상인 국가)에 세계 7번째로 가입한 국가로서의 위상을 보여 주고 있다.

그러나 OECD에 의한 노인 빈곤율, 즉 중위소득(소득 순서대로 줄 세웠을 때 한가운데 있는 소득)의 50%를 기준으로 할 때 65세 이상 노인가구의 비율은 46.5%로서 OECD 회원국 중 1위로 미국, 이스라엘의 21%, OECD 평균 13%보다 높다. 이는 노인 2명 중 1명은 경제적으로 빈곤하다는 노후 준비의 심각성을 나타내고 있다. 그러나 소득(가처분 소득)만 따질 경우 46.5%지만 부동산 등 자산까지 고려하면 29%로 뚝 떨어진다는 것이 정부 측의 설명이다. 국토교통부 2017년도 주거실태조사에 의하면 우리나라 20~30대는 34.3%만이 자기 집을 가지고 있지만 65세 이상은 두 배 이상인 77.4%가 자기 집을 가지고 있는 특징이 있다. 보유 주택 등 자산 등을 고려할 경우 노인 빈곤율은 30% 정도에 그친다는 연구결과이다. 경제활동을 활발히 할 수 있는 시기에는 소득의 일정 부분을 다가올 노후 준비를 위해 꾸준히 축적하고 소득구조 자산포트폴리오로 발전시켜야 한다. 즉, 우리나라의 노인층의 자산구성은 선진국에 비해 부동산의 보유비중이 높게 나타나고 있어 부동산의 보유비중을 줄이고 금융자산 등 현금흐름 창출자산으로 자산포트폴리오의 변화가 요구된다. 한국에서의 연령대별 부동산 비중은 다음 표와 같다.[3]

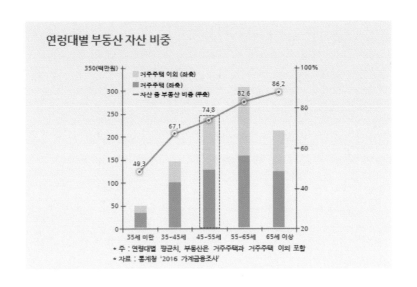

연령대별 부동산 자산 비중

* 주 : 연령대별 평균치, 부동산은 거주주택과 거주주택 이외 포함
* 자료: 통계청 '2016 가계금융조사'

4) 미래 현금흐름 창출능력

사람에겐 혈관을 통해 산소가 공급되듯이 기업에서는 금융을 통해 자금이 공급된다. 기업에서의 금융이 곧 혈관이다. 자금은 곧 돈을 의미하며 돈이 하부까지 잘 돌아야 경제가 좋다. 노후에서의 자산은 현금만이 중요함을 의미한다. 현금은 피와 같다. 피가 잘 통하지 않으면 동물의 생존이 어렵듯이 현금흐름이 좋지 않으면 기업도 망하고 개인도 살 수가 없다. 그러니 노후에 장수하기 위해서는 현금이 마르지 않게 보유 자산을 군데군데 잘 비축해야 한다. 노후가 되면 젊었을 때 제2의 현금인 신용으로 금융기관으로부터 돈을 빌리는 것이 어렵게 되고 그리고 자식한테 돈을 의지하는 것도 어렵게 된다. 왜냐하면 젊은이들의 생활형편이 훨씬 살기에 어려운 경제환경으로 변모하고 있기 때문이다. 은행 등 금융기관에서 노인은 대출자격대

상에서 제외되어 있음을 미리부터 알고 있어야 한다. 대출심사에서의 기준은 과거의 부동산 등의 담보대출의 관행에서 미래의 현금흐름 창출능력을 보는 미래 현금상환능력(Forward Looking Criteria)으로 새로운 대출심사기준이 바뀐 지 오래다. 즉 기업은 미래의 영업이익(operating profit, operating cash flow) 창출능력이 대출의 주 심사대상이 되고 개인의 경우 직장에서의 월급수준이 대출규모를 결정한다. 금융감독원은 부동산대출 시 주택담보인정비율(LTV: Loan to Value Ratio)로 대출한도금액을 산정하고 총부채상환비율(DTI: Debt to Income Ratio)이라는 기준으로 대출 빚의 이자규모를 연간소득(월급 규모)의 일정 수준 이하로 제한하며 총체적 상환능력비율(DSR: Debt Service Ratio)로 대출 전체에 대한 상환능력을 평가하고 있다.

5) 입구관리보다 출구관리

제1의 인생에서는 입구관리 중시의 재테크가 주라면 제2의 인생에서는 출구관리 중시의 짠테크가 주 재무관리수단이 되어야 한다.

제1의 인생에서는 투자와 저축으로 인한 자산증식과 재무성공스토리가 주요 관심사라면 제2의 인생에서는 투자와 저축에서 형성된 현재의 부를 어떻게 절약(지출통제/지출관리)을 통해 은퇴 이후 매월 정기적인 현금흐름이 유지, 가능하게 하는 데 초점을 맞추어야 한다.

제1의 인생은 입구관리가 주라면 제2의 인생은 출구관리가 중요하다. 사소한 비용이라도 꼭 필요한 것인지 따져 보고 지출하는 습관을 길러야 한다는 것이다. 우리를 행복하게 만들지 않는 것들과 꼭 필요하지 않은 것들에 대해선 지출을 과감히 줄여야 한다. 인생을 즐기되 쓸데없는 지출이 그동안 축적된 나의 자산을 무의미하게 만든다는 사실을 잊지 말자. 그리고 검소하고 효율적인 생활방식을 구축하면서 형성된 습관들이 현명한 지출과 더불어 보람되고 의미 있는 생활의 시너지를 일으킬 수 있음을 명심하자. 삼성생명 은퇴연구소 보고서(2016)에 따르면 많은 은퇴자들이 은퇴 전부터 은퇴 후 여행, 취미활동 등을 꿈꾸고 있는 것으로 나타났다. 은퇴 후 특히 신체적·정신적으로 활동적인 초기 기간에 여가활동에 과소비할 가능성이 있어 보다 철저한 지출통제에 유의하는 것이 바람직하다고 조언한다. 은퇴 후를 위해 축적된 자산에서 연간 빼서 쓸 수 있는 금액이 얼마나 되어야 장수리스크에 대비할 수 있는지 판단, 과지출 유발항목의 소비통제에 각별한 주의가 요구된다. 준비가 충분하지 않은 상황에서 은퇴를 맞을 경우 각종 소비항목에 대해 지출을 최대한 통제하는 방법이 장수리스크를 완화할 수 있는 효과적인 대책이 된다. 장수리스크가 노후에 생활비로 준비된 자산의 수명보다 본인과 가족의 생물학적 수명이 더 길 가능성을 의미하기 때문이다.[4]

매달 연금자산 수입과 노후보유 자산수입이 월 지출생활비를 초과하는 상태가 최적으로 생각된다. 부채가 제로인 상태로 가급적 유지해야 하므로 대출을 수반하고 부동산을 구입했다면 부동산을 적시에 매각하고 대출을 상환하는 것을 권하고 싶다. 국제결제은행(BIS)에 따르면 2018년 2분기 말 한국의 GDP 대비 가계부채비율은 96%에 이르고 있고 가계부채규모도 1,500조 원을 초과하고 있다. 한국은행이 발표한 2019년도 2분기 가계신용잠정치를 보면 가계 빚이 더욱 늘어 1,556조 원으로 집계됐다. 가계 빚은 앞으로도 아파트

공급물량 증가와 서울지역 주택가격 상승 등으로 큰 폭으로 증가할 가능성이 높다는 관측이 나온다. 특히, 특히 최근 가계부채가 가파른 속도로 증가하고 있어 한국의 개인 부채리스크관리가 미래의 한국경제 발전에 큰 부담이 되고 있는 것은 사실이다.

6) 전략적 투자와 전술적 투자

투자대상으로 선정된 여러 유형의 자산에 투자자금을 배분하는 결정을 하게 되는데 이를 자산배분결정 혹은 투자결정이라 할 수 있다. 자산배분은 전략적 자산배분과 전술적 자산배분으로 나누어진다. 전략적 자산배분은 거시경제분석을 기초로 본부 차원에서 이루어지며, 예를 들면 해외부분, 국내부분, 국가별 부동산, 주식 및 채권 비중, 대체투자, 파생상품투자 등을 펀드자산의 목표수익률과 허용 위험범위를 반영하여 여러 자산에 대한 투자비율을 결정하는 것을 말한다. 전술적 자산배분은 전략적 자산배분에서 결정된 투자금액한도 범위 내에서 펀드매니저가 종목선택, 즉 주식의 경우 해당 투자주식을 선정하여 구체적인 투자가 이루어진다. 따라서 실제 포트폴리오 투자성과를 분석할 때 전략적 자산배분과 전술적 자산배분을 구분하여 평가하는데 전체 투자수익률 성과평가에서 전략적 자산배분이 전술적 자산배분보다 훨씬 중요하고 많은 투자수익률의 비중을 차지하고 있음을 알 수 있다. 제1의 인생에서는 전략적 투자(Strategic Investment)에 중점을 둔다. 일반적으로 투자의 성공 여부는 전략적 투자에서 결정되지 전술적 투자(Tactical Investment)에서 결정되지 않기 때문이다. 개인의 경우에도 부가 형성되는 과정에서 전략적 투자가 전술적 투자보다 훨씬 중요하다. 주택을 구입하는 행위, 연금, 보험을 가입하는 결정은 장기적으로 모두 전략적 투자행위에 해당되며 여유자금으로 전체 포트폴리오자산 중 5% 미만의 주식투자는 장기투자를 전제로 전술적 투자행위로 간주하고 싶다.

퇴직 후 제2의 인생에서 무전장수리스크를 관리할 때는 제1의 인생에서 이미 투자한 성과 결과를 그대로 보유한 자산을 지킨다는 원칙을 고수하면서 일부 자금을 전술적 투자만을 할 것을 권하고 싶다. 왜냐하면 노후에 전략적 투자를 하여 실패할 경우 그 재산상의 손실 및 피해는 회복 불가능하기 때문이다. 전술적 투자의 예로는 금융자산 중 여유자금 극히 일부분의 주식투자 그리고 무형자산에의 투자로서 모임에서의 공동체 가치투자, 회원 간 네트워크 가치투자, 봉사투자, 헌신투자, 경험투자 등을 들 수 있다. 주식투자는 대표적인 위험자산으로 장기적인 시간과 장기분산투자의 원칙을 지키며 보유할 것을 권한다. 존 리 메리츠자산운용 대표는 "부자처럼 보이려고 하지 말라." "월급쟁이로서는 부자가 될 수 없다." "예금이나 부동산에만 자금을 묻어 두지 마라." "부자가 되려면 주식 투자하라. 즉, 현명한 투자를 하라"를 강조한다.

7) 돈으로 살 수 있는 것과 돈으로 살 수 없는 것의 구분

돈으로 살 수 있는 것에는 아파트, 침대, 가구, 옷 등 물질적인 것이다. 반면에 돈으로 살 수 없는 것으로는 지식, 명예, 건강, 가정, 사랑 등은 돈으로 절대 살 수 없다. 피는 돈으로 수혈을 받을 수 있지만 건강은 돈으로 절대 살 수 없다. 섹스는 불법으로나마 살 수 있을지 모르지만 사랑은 도저히 돈으로 살 수 없다. 특히, 결혼한 부부 간의 사랑은 남과 비교할 수 없는 절대적이고 독특한 가치를 지니며 평생을 두고 소중하게 가꾸어야 한다. 사랑은 인간에게 무한한 행복 감을 안겨주는 최고의 묘약이다. 제2의 인생을 품격있고 가치 있게 살기 위해서는 돈으로 살 수 있는 것과 돈으로 살 수 없는 것에 대 한 엄격한 구분이 필요하다. 인생에서 돈으로 살 수 없고 가장 가치 있는 것을 들자면 건강과 사랑으로 평생을 두고 소중하게 여기고 관 리해야 한다.[5]

8) 황금알을 낳는 거위 이야기

어느 날 우연히 노부부가 거위 한 마리를 얻었는데 그 거위가 황 금알을 낳았다. 하루만 낳는 것이 아니라 매일 하루에 하나씩 낳았 다. 진짜인지 의심스러웠지만 확인해 보니 진짜 황금이었다. 그런데 노부부는 하루에 하나씩 얻은 황금알에 만족하지 못하고 한꺼번에 얻으려고 거위의 배를 갈랐다. 그래서 결국 거위는 죽고 황금알은 그다음 날부터 얻지 못했다. 이 이솝우화의 황금알을 낳는 거위 이 야기는 자신이 현재 가진 것에 만족해야 한다는 것과 동시에, 과욕 을 부려서 거위를 잃으면 앞으로 거위가 계속 낳아 줄 황금알도 잃 어버린다는 교훈이다. 급여의 50%는 소비하고, 나머지 50%를 투자 하면서 황금알을 낳는 거위를 만들자는 것이 부자법칙이다. 닭 잡아 먹지 말고 달걀로 살아야 한다. 우리에게 황금알은 무엇일까? 다름 아닌 당신이 가지려고 하면 언제든지 가질 수 있는 부동산의 임대소 득, 주식에서의 배당소득, 채권에서 나오는 이자소득, 정기예금의 월

이자가 바로 황금알을 낳는 거위다. 나는 이러한 소득으로 살아가는 사람을 자산가라고 생각한다. 우리의 노후자산을 황금알을 낳는 거위로서 잘 지켜야 하고 만들어야 할 것이다.[6]

2. 노후의 자산관리

1) 가처분소득기준

노후를 위한 자산관리의 기준은 국민소득 통계상의 총소득(Gloss Income)이 아니라 가처분소득(Disposable Income)기준으로 관리해야 한다. OECD의 노인절대빈곤층 산정하는 국제기준도 가처분소득기준으로 산정한다.

가처분소득이란 총소득에서 조세, 연금, 이자비용 등 비소비지출을 제외한 것으로 저축과 소비로 자유롭게 사용할 수 있는 돈이다. 이는 또한 노인의 행복지수산정의 기준이 된다.

지금 중·장년층을 중심으로 계속된 고용부진으로 가처분소득이 금융위기 이후 최대폭을 감소하고 있다는 것이 분석결과이다. 우리나라의 중위소득은 100만 원 미만으로 이를 절대빈곤층으로 보는 것으로 노인인구의 46%가 이에 해당한다. 2019년부터 노인복지혜택의 확대를 위해 노인 하위 70%에 대해 기존 25만 원에서 30만 원으로 인상하여 지급한다. 순수한 현금소득액으로 현재 거주하는 보유부동산의 가치가 포함되지 않는 것이 치명적이다. 현재 거주 소유 부동산은 안락한 생활의 필요조건이지만 가처분소득이 발생하지 않기 때문에 수익을 창출하는 자산으로 바꾸든가 아니면 이에 따른 합리적인 규모수준의 주택보유가 요구된다.

2) 재무적 목표설정

첫째로 보유 노후자산으로부터 수익이 창출된 노후소득이 매월 필요 생활비를 능가하여 금전적 자유를 항시 얻는 것이 중요하다. 여기서 노후자산이란 평생소득을 창출할 수 있는 자산을 대상으로 말하며 부동산을 포함한 무수익성자산은 제외한다.

목표설정 공식: 보유 노후자산×월 수익률+월 연금수령액=노후자산 월 수익>매월 지출 생활비

연금자산을 포함한 보유 노후자산의 매월 일정한 수익이 매월 생활비수준을 초과해야 한다. 매월 정한 생활비는 국민연금 등에서 노인의 합리적 생활이 가능하여 제시한 수준을 참조하고 본인의 노후자산을 감안하여 정한다. 국민연금연구원 보고서에 의하면 노후에 평범한 생활을 유지하려면 적정노후생활비가 부부는 월 243만 원, 개인은 월 153만 원이 필요하다고 여기는 것으로 나타났다. 이에 비해 국민연금 수급액은 20년 이상 가입자의 경우 월 91만으로 노후생활비의 부족을 나타낸다.[7]

따라서 노후자산으로부터의 노후자산 수익액이 매월 본인이 정한 생활비에 미치지 못할 경우에는 개인 재무상태표의 재작성(Restructuring) 노력이 요구된다. 즉, 부동산 등 보유주택 규모를 줄이고 현금흐름

창출이 가능한 금융자산 비중을 확대하고 자발적인 일 등으로 현금흐름이 창출되어 목표설정공식을 만족시켜야 한다.

3) 노후자산의 종류

노후자산은 일반적으로 연금자산(Pension asset), 보험자산(Insurance asset), 안전자산(Safe asset), 투자자산(Active asset)으로 구성할 수 있다. 첫 글자를 따면 P.I.S.A가 된다. 1층에 연금자산(P), 2층에 보험자산(I), 3층에 안전자산(S), 4층에 투자자산(A)으로 4층의 자산 탑(PISA)을 쌓기를 권한다.[8]

연금자산: 노후에 매월 받을 수 있는 제2의 월급으로 노후생활에 가장 중요한 자산이다. 은퇴 이후의 정기적인 현금흐름으로 연금의 종류에는 국민연금, 퇴직연금(기업체에서 회사와 직원이 절반씩 부담해 납부하는 연금), 개인연금 등이다. 개인연금은 개인적으로 가입하는 사적 연금으로 본인이 연금 부족을 느껴 추가로 가입하는 경우가 대부분이다. 사적 연금의 대표적인 상품이 생명보험사들의 연금보험상품으로 특히, 종신형 연금보험은 평생 매월 연금을 받을 수 있어 장수리스크에 대비하는 최적의 대안상품이다. 연금자산 중에서 국민연금과 같은 공적 연금은 인플레이션에 연동되어 실질가치가 어느 정도 보전되지만 퇴직연금이나 개인연금과 같은 사적 연금과 즉시연금 등은 명목가치로 평가되기 때문에 화폐의 환상에 빠져들기 쉽다. 화폐의 환상이란 물가상승으로 인해 명목으로만 월급이 올랐을 뿐인데 실질적으로 자신의 월급이 올랐다고 착각하고 있는 것이다. 퇴직연금 중 자기책임하에 운영하는 확정기여(DC)형과 개인

형 퇴직연금(IRP)은 적립금관리 및 인출방식에 따라 노후에 수령 가능한 금액이 꽤 크게 달라질 가능성이 있다는 사실을 인식해야 한다. 사전에 장기적이고 체계적으로 관리한다면 후회할 가능성도 줄어들 것이다. 그리고 은퇴 시점에 따라 위험자산·안전자산 비중을 조절하는 타깃데이트펀드(TDF)도 고려할만하다.

주택연금: 주택을 담보로 맡기고 평생 혹은 일정 기간 매달 노후의 생활자금을 받는 금융상품으로 역모기지론이 있다. 평생 주택을 소유와 거주를 함께 하면서 연금을 받는 장점이 있다. 본인 집에 계속 살면서 안정적인 노후생활을 유지할 수 있도록 주택을 맡기고 대출 형식으로 매달 일정액을 받는 것으로 집을 소유하고 있지만 소득이 부족한 고령자를 위한 제도라 하겠다. 주택연금 신청자격 조건 중 60세 이상으로 부부기준 1주택, 보유주택 합산가격 9억 원 이하이어야 한다. 연금은 지급방식에 따라 평생 일정액을 받는 종신 방식, 일정 기간만 받는 확정기간 방식, 주택 담보대출 상환을 위한 대출 상환방식으로 구분된다. 서양은 오랫동안 노후를 연금에 의지하는 것이 일반화되고 동양 특히 한국은 효에 의해 자식에 의존하였으나 최근에는 노후를 각자가 준비하는 것이 바람직하다는 생각이 지배적이다.

보험자산: 사람은 누구나 언제 어떤 재난을 당할지 알 수 없으므로 평소 불의의 재난에 대비해야 한다. 이런 재난에 대해 여러 사람이 힘을 합쳐 대비하는 제도를 보험이라고 한다. 보험은 순수위험(pure risk)을 다루며 인적 위험, 물적 위험, 배상책임위험으로 구분된다. 보험자산은 주로 인적 위험에서의 조기사망위험, 장기생존위

험, 질병 또는 상해위험 등을 대비하기 위하여 가입된 보험이다. 보장자산으로는 종신보험, 생명보험, 연금보험이 있으며 건강에 관련된 의료보험으로 실손보험, 암보험, CI보험(Critical illness보험으로 갑작스러운 사고나 질병으로 중병 상태가 계속될 때 보험금의 일부를 미리 받을 수 있는 보험), 건강보험, 치매보험 등이 있다. 질병 치료에 쓰이는 것을 직접의료비라고 하고 건강에 관련한 보험은 간접의료비라고 한다.

안전자산: 필수 지출 이외에 여행, 여가, 외식비 등의 임의 지출을 충당하기 위한 자산이다. 그리고 앞으로 비상자금을 확보하여 불의의 사고에 대비해 유동성자산은 필요하다. 유동성자산은 현금관리로 유동성을 확보하고 안정성을 높이는 것에 관심을 가져야 한다. 안전자산은 은행의 보통예금이나 저축성 예금, MMF, CMA 등을 활용한다. 안전자산에는 앞서 현금성자산 외에 금, 달러, 채권을 포함시키는데 최근 저금리·경기불안기의 재테크 방법으로 각광을 받고 있다. 안전자산의 규모는 월 급여의 6개월 상당 금액을 현금성 자산에 예치하여 관리한다.

투자자산: 자유지출에 대응되는 투자자산으로 당장 급하지 않고 없어도 크게 불편하지 않은 돈으로 채권투자, 펀드투자, 우량주식투자, 부동산펀드투자, 사모펀드, 상장지수펀드(ETF: Exchange Trade Fund) 등을 분산원칙에 따라 투자한다. 투자자산에는 투자위험과 투자수익률과의 관계를 이해하고 포트폴리오분산투자를 해야 한다. 저금리·저성장·저물가, 고령화 시대에 현명한 투자가 무엇인가는 항상 생각해야 한다. 저축의 시대에서 투자의 시대로 금융경제환경변

화도 인식해야 한다. 투자수익률을 계산할 때 명목수익률에서 물가
상승률을 뺀 실질수익률로 평가하여야 한다.

안전자산과 투자자산은 대개 금융투자상품으로 투자하는데 고려
해야 할 요소는 다음과 같다.

1. 물가(인플레이션): 양적 완화 정책으로 통화량, 즉 본원통화가
   증가하여 화폐의 실질가치가 하락하여 현금을 가지고 있으면
   점점 가난해진다.
2. 세금: 노후에 중요한 것은 세전 수익이 아니라 세후 수익으로
   가처분소득이 된다. 특히 절세상품은 최고의 투자수단이 된다.
3. 장수리스크(longevity): 돈 없이 오래 살 위험으로 고령화의 진
   전으로 근로소득이 감소됨을 감안한다.
4. 포트폴리오투자: 탈무드에는 "모든 이로 하여금 자신의 돈을
   세 부분으로 나누게 하되, 3분의 1은 토지에, 3분의 1은 사업
   에, 나머지 3분의 1은 여비로 남겨 두게 하라"는 격언이 있다.
   분산투자는 자산관리의 핵심으로 꼽힌다. 일반적으로 안전자
   산과 위험자산으로 분산해서 투자한다. 분산투자를 하는 이유
   는 한 종목에 대한 자신이 없기 때문이다. 주식이 오를 것을 아
   는 사람은 신 이외에는 아무도 없다. 그래서 주식은 예측하는
   것이 아니라 대응하는 것이라고 한다. 주식투자 시점은 경기 사
   이클과 관계가 깊은데 지금이 상승 사이클인가, 하락 사이클인
   가를 아는 것은 정말 어렵다. 장기적으로 주식가격은 우 상향하
   는 경향이 있어 주식투자를 하려면 장기 보유해야 한다. 정기예

금과 같이 안전한 길에는 기회가 없다. 정기예금을 하면 안전자산으로 주식과 같은 기회수익률이 없다. 포트폴리오관리를 통해 투자수익률을 개선한다. 보다 안정적인 자산관리를 위해 달러 등 외국통화를 포트폴리오에 편입하는 방안을 추천한다.[9]

4) 노후소득의 종류

노후소득의 관리는 가처분소득 위주의 현금흐름 창출을 우선으로 관리한다. 예금, 부동산 임대소득, 연금소득이 가장 양호하고 선호하는 노후소득 대상이 된다. 예금은 언제든지 사용할 수 있어 유동성은 가장 좋지만 안정성 측면에서는 좋지 않다. 또 시간이 지날수록 물가상승률 대비 현금자산의 가치는 감소하므로 수익성은 거의 없다.

부동산 임대소득은 수익성은 높은 편이지만 안정성과 유동성은 매우 낮다. 수익성도 건물의 감가나 노후화로 인해 시간이 지날수록 낮아진다. 공실 등 불확실성이 높아 적절한 시기에 매매 등을 통해 자산가치를 보전하는 방안을 마련해야 한다. 최근 임대소득 세제가 강화되는 추세로 향후 가처분소득은 더욱 감소할 수 있어 부동산을 활용한 노후준비는 신중할 필요가 있다.

마지막으로 공적 연금, 퇴직연금, 사적 연금에서 지급받는 연금소득은 안정적이면서 유동성과 수익성이 높은 편으로 가장 추천할 만하다. 일정 금액 이하로 납입액을 정하면 이자소득세에 대한 비과세 혜택도 주어진다.

5) 노후의 자산관리원칙

노후의 자산관리원칙은 안정성, 수익성, 유동성 측면에서 자산을 잘 지키고 유지해야 한다. 노후자산운영의 원칙은 환금성(유동성)>안정성>수익성 순으로 유동성에 가장 큰 비중을 두고 안정성과 수익성을 고려한다. 안정성 측면에서는 자산을 잘 지키고 유지해야 하고 과도한 위험자산 투자로 손실이 발생하지 않도록 관리해야 한다. 수익성 측면에서는 최소한 물가상승률 이상의 수익을 달성하도록 노력한다. 최근에 저금리 추세임을 감안할 때 수익관리에 어려움이 있다. 유동성 측면에서는 언제든지 원하는 때에 필요한 돈을 찾을 수 있어야 한다. 세 가지 원칙으로 자산을 관리하되 절세를 통해 가처분소득을 늘린다면 보다 현명하게 노후의 자산관리가 될 수 있다.

첫째, 순현금흐름을 확보하도록 한다. 저성장·저금리·저소비 시대가 장기화되는 현재의 경제환경에서 자산을 어떻게 관리하느냐에 따라 미래의 가처분소득은 큰 차이가 날 수 있다. 순현금흐름(Net Cash Flow)은 현금의 수입과 지출의 차이다. 순현금흐름을 확보하려면 수입을 늘리거나 지출을 줄여야 한다. 특히 노후에 수입은 늘리는 데 시간이 걸리고 어렵지만 지출을 줄이는 것이 더 용이하다. 순현금흐름이 확보되어야 자산부채상태표상의 자산이 커진다. 부자일수록 지출관리에 신중하다. 그들은 충동구매나 남에게 보여 주기식의 지출을 절대 하지 않는다. 부자는 자신의 지출이 투자(자산증대)냐 소비(수익감소)냐를 구분할 줄 아는 탁월한 감각을 지니고 있다.

둘째로, 순자산 가치를 키우도록 한다. 순자산(Net Worth)이란 자산에서 부채를 뺀 것으로 개인 순자산의 증대를 의미한다. 순자산을 키우려면 자산을 늘리거나 부채를 줄여야 한다. 자산을 증가하기 위해서 효율적인 자산관리 전략을 수립해야 한다. 한편으로는 적정한 부채관리로 신용을 유지해야 한다. 부채는 소득 대비 상환능력 범위 내에서 차입해야 한다. 돈을 빌리는 레버리지 투자는 신중하게 해야 한다. 신용카드도 부채관리 대상이다. 고소득 연예인이나 프로선수 들이 신용불량자나 개인파산자가 되었다는 얘기를 종종 듣는다. 수입만 생각하고 무모한 투자를 하거나 부채를 끌어다 신규사업을 시작하다가 낭패를 당하는 경우 등이다.

셋째, 투자위험을 관리한다. 투자의 세계는 보이지 않는 위험과 불확실성으로 가득 차 있는 미래의 어두운 바다와 같다. 미래에 대한 예측은 대개 과거의 정보에 기초하기 때문에 정확하지 않다. 아무리 과거자료가 정확해도 미래의 수익률을 대신 설명할 수 없기 때문이다. 노벨 경제학상을 받은 저명한 경제학자들조차도 글로벌 금융위기를 사전에 예측하지 못하고 투자에 실패한 사례도 있다. 중요한 것은 자신이 감당할 수 있는 위험의 범위 내에서 투자 포트폴리오를 구성하는 것이 투자위험을 줄이고 효율적 자산관리 하는 방법이다.

6) 노후자산의 재구축

노후자산의 재구축(Restructuring)은 개인의 재무상태표에서의 자산구성항목(현금성자산과 투자자산, 은퇴자산, 사용자산 / 단기부채, 중·장기부채)을 작성하여 현재의 재무상태를 파악한 후에 가처분소득 위주의 노후자산으로 재구성하는 작업을 말한다. 참고로 개인의 재무상태표의 각 계정과목의 내용은 다음과 같다.

개인의 재무상태표

자산			부채와 순자산		
계정과목		금액	계정과목		금액
현금성자산	현금		단기부채	마이너스통장 잔액	
	보통예금			신용카드잔액	
	저축예금			개인신용대출	
투자자산	정기예금		중·장기부채	자동차대출	
	채권형펀드			주택담보대출	
	주식형펀드			임대보증금	
	부동산펀드				
은퇴자산	개인연금		순자산		
	변액보험				
	유니버설보험				
사용자산	주거용부동산				
	임차보증금				
	자동차				
	기타				
자산합계			부채 및 자본합계		

　　노후자산에 해당되는 주요 자산은 종합소득세법상의 자산과 관련
있는 근로소득, 사업소득, 이자소득, 배당소득, 연금소득(국민연금,
퇴직연금, 개인연금, 사학연금, 주택연금), 기타소득이 발생 가능한
자산을 가장 선호하며 이를 노후자산의 종류로 활용한다. 또한 금융
자산 중 월 지급식 정기예금상품도 일종의 연금자산으로 포함시킨
다. 자산항목을 연금자산, 보험자산, 안전자산, 투자자산, 사용자산
으로도 구분 가능하며 이 중 연금자산이 최고의 가치가 있는 자산이
다. 그래서 연금을 12번의 행복자산이라고 말하며 마르지 않는 샘으
로 비유한다.

노후자산에는 현금흐름 창출이 비교적 어려운 자산인 명품 백, 전원주택, 가구, 롤렉스시계, 고급자동차, 미술품 등은 포함하지 않는다. 위의 자산품목은 여유롭고 풍요로운 삶에는 영향을 미치지만 노후의 기본적인 생활에는 큰 영향이 없기에 무전장수리스크 관리대상 자산으로는 적합하지 않다고 판단한다. 이는 100세 이상 사는데 매월 현금흐름을 창출하기 어려운 자산으로 보수적으로 접근하는 것이 좋다. 무전장수리스크관리는 100세까지 사는데 경제적으로 어려움이 있어 조기에 사망할 수 있는 조기사망리스크와 오래 사는 장수리스크를 관리하기 때문이다. 좋은 차와 명품 백과 같은 고급사치품은 여유롭고 풍요로운 생활과 관련이 있다. 부동산 특히 토지, 상가, 분양형 호텔, 재개발투자는 가급적 투자하지 말 것을 권한다. 이유는 환금성에 문제가 있기 때문입니다. 우리나라 노인의 자산 중 부동산 비중은 70%로 높다고 한다. 현재 거주하는 주택의 규모를 줄이거나 주택을 분할하여 매월 현금흐름을 창출하는 것은 무전장수리스크의 중요한 관리방법이 된다. 매월 현금흐름을 창출하는 수익형부동산(오피스텔과 소형아파트 등)과 이에 따른 절세 방안은 노후자산 재편에 도움이 될 것이다. 왜냐하면 정부의 포용정책과 소득분배정책으로 주택에 대한 종합부동산세 등 세금은 증가할 것으로 예상되고 기존 주택의 소형화와 별도 임대주택 소유로 월 소득을 창출할 수 있는 방안의 연구는 향후 노후자산 재구축에 도움이 될 것으로 생각된다.

7) 은퇴월급 만들기

은퇴 이후에도 매월 지속적으로 생활비를 충당할 수 있는 월급의 중요성은 매우 크다. 따라서 은퇴 이후에도 월급을 만들 수 있는 방법을 연구해야 한다.

1. 은퇴 이후에도 일을 해서 월급 받기

직장을 그만둔 이후에도 노동을 지속함으로써 진정한 은퇴를 뒤로 미루는 것이다. 정부가 복지 차원에서 지방자치단체들과 연계하여 노인들에게 일자리를 제공하는 것도 많다.

2. 연금으로 월급 받기

젊을 때부터 3층 연금(국민연금, 퇴직연금, 개인연금)을 적절히 활용해서 알맞게 자금을 잘 준비하면 은퇴 후 100만 원 내지 200만 원가량은 평균적으로 어렵지 않게 받을 수 있다.

3. 목돈으로 월급 만들기

가장 흔하게 활용하는 경우로 은행정기예금을 통하여 그리고 보험상품으로 즉시연금과 월 지급식 연금상품을 통해서 노후생활자들이 월급을 만들 수 있다.

4. 부동산으로 월급 만들기

그동안 부동산 가격이 상승한 것을 감안하면 부동산을 활용한 은퇴 후 월급 받기는 현재 시점에서 우리나라 가계에 가장 현실적인 방법이 되었다. 부동산을 활용해 은퇴 후 월급을 받을 수 있는 대표적인 방법이 소위 4층 연금으로 많이 알려진 주택연금이다.

5. 수익형 부동산으로 월급 받기

수익형 부동산이란 오피스텔이나 상가처럼 매월 임대수익, 즉 월세를 받을 수 있는 부동산을 통칭하며 아파트를 구입한 후 임대를 해 수익을 발생하는 경우도 이에 해당한다. 다만 수익형 부동산의 경우 공실의 가능성이 있고, 매매에 따른 세금과 중개수수료, 유지보수 비용 등 관리가 어렵고 긴급자금이 필요한 경우 즉시 현금화가 어렵다는 단점이 있다.

8) 은퇴 후의 노후자산관리방법

은퇴준비를 잘하여 노후자금을 충분히 마련하여도 이를 은퇴 후에도 지속적으로 노후자산관리를 하여야 한다. 저금리・저소비・저성장시대에 노후자산의 안정성을 유지하면서도 다소간 능동적인 관리 및 계획적 투자를 통해 수익률을 제고하면서 노후자산을 효율적으로 관리해야 할 필요가 있다. 삼성생명(주)의 "은퇴 후 3단계 자산관리방법" 보고서에 의한 은퇴자의 노후자산(은퇴자산) 관리방법을 소개하고자 한다.

1. 노후자산인출에 관한 기본규칙 설정

최소한의 기본규칙으로 매년 노후자산으로부터의 인출 한도를 정해놓는다. 은퇴자가 생활비로 매년 쓸 수 있는 금액은 초기은퇴자산의 4%를 기준으로 삼는다. 4%룰/규칙은 미국의 재무설계사 윌리엄 벤겐(William Bengen)이 주장한 경험법칙으로 4%룰은 은퇴자금 활용의 주요기준으로 인정받고 있다. 그런데 이 법칙은 인출 후 남은 노후자산에서 세금이나 비용을 제외하고도 예를 들어 연간 4% 이상의 수익 등 일정 수준의 수익을 올릴 것을 전제로 한다. 이를 가상 예로 시뮬레이션해 보면, 65세 초 노후자산원금 4억 원, 투자수익률 4%, 물가상승률 2% 가정 시, 은퇴 첫 해초에 원금의 4%를 인출하고 남은 돈을 증식하며 이후 첫 인출금에 물가상승률을 반영한 금액을 매년 초 인출할 때 노후자산은 97세까지 활용할 수 있게 된다.

2. 은퇴자의 필수생활비는 연금자산으로 확보해 두어야 한다.

필수생활비는 기본적인 의식주 등과 관련된 비용으로 반드시 확보되어야 하는 생활비를 의미한다. 필수생활비만큼은 연금자산에서 나오는 가처분소득으로 준비하며 앞서 설명한 재무적 목표설정에 의한 월 지출 생활비산정방법에 의한다. 대표적인 연금자산으로 국민연금, 주택연금, 종신형 연금상품이 있다. 만약 부부의 월 생활비 중 70% 정도는 절대 줄일 수 없는 필수생활비라 하면 이중 연금자산을 초과하는 부분은 노후자산수익에서 별도 조달하여야 한다.

3. 노후자산 중에서 필수생활비 창출을 담당할 자산을 제외하고 남은 자산은 투자용 자산으로 세 개의 자금으로 나누어 각각 별도 운용하도록 한다.

첫째, 단기자금상자에는 앞으로 1년 동안 쓸 생활비와 특별한 지출상황을 감안한 긴급자금을 넣어둔다. 이는 유동성이 높은 유동자산으로 은행의 저축예금, 증권사의 CMA 등에 운용한다.

둘째, 중기자금상자로 향후 2년부터 10년까지 9년 동안 쓸 생활비를 넣어둔다. 일반적으로 1~3년 만기 은행정기예금, 4~9년 중장

기채권, 펀드 등에 운영한다.

셋째, 장기자금상자에는 10년 이상 장기운용이 가능한 자산으로 고수익·고위험(high risk-high return)의 기본원칙하에 리스크관리 중심의 투자운용을 한다. 장기자금상자조차도 안전자산과 투자자산의 투자비율을 준수하여 국내주식, 해외주식, 국내외펀드, 파생금융상품, 대체투자, 부동산투자, 금, 외환(달러, 엔화) 등의 다양한 포트폴리오를 감안한 분산투자전략을 활용해야 한다. 예를 들어, 은퇴자산을 4억 원을 가지고, 가처분소득창출 자산을 2억 원, 단기자산을 3천만 원, 중기자산을 7천만 원, 장기자산을 1억 원으로 배분한다. 투자운용수익률은 가처분소득자산과 단기자산에서는 2%, 중기자산에서는 4%를 가정하면 노후자산 전체에서 4%의 수익률을 올리려면 장기자산에서 최소한 8.6%의 수익률을 올려야 한다는 점이다. 장기자산의 경우에는 보다 공격적인 투자수익율을 추구해야 함을 의미한다.[10]

9) 은퇴자가 투자해서는 안 되는 부동산

1. 토지: 토지는 장기간 투자기간을 요하는 투자대상으로 세금이 많고 환금성이 떨어진다.
2. 상가: 테마상가, 근린상가로 저성장시대에는 공실 우려가 높고 상권 형성이 쉽지 않다.
3. 분양형 호텔: 운영 주최의 수익보장 문구가 선전광고에 포함되어 있는데 운영자가 망하면 별 의미가 없다. 그리고 환금성이 떨어진다.

4. 재개발투자·뉴타운 투자: 재개발하는 데 오랜 시간이 걸리고 재개발 과정의 위험성이 산재해 있다.
5. 렌탈하우스, 전원주택, 창고 등.
   즉, 노후자산의 핵심은 현금흐름의 창출 여부가 핵심이다.

10) 은퇴 후 나에게서 사라지는 5가지

1. 권력: 명함이 없다.
2. 전문성: 직장인은 직장 내에서만 쓸모가 있다. 사회에서의 필요한 전문성은 별도이다.
3. 현금흐름(월급): 직장에서의 월급이 없으므로 제2의 월급인 연금 혹은 노후자산수익이 필요하다.
4. 대출제한: 대출 신청 시 은행에서 재직증명서와 원천징수영수증을 요구한다.
5. 아침에 일어나서 일정하게 갈 곳이 없다. 따라서 하루의 일을 계획해야 한다.

3. 저축의 생애주기이론

1) 저축의 생애주기이론의 의미

프랑코 모딜리아니(Franco Modigliani)는 1985년에 가계의 저축에 대한 생애주기가설 이론의 구축 및 발전에 기여하여 노벨 경제학상을 받았다. 그의 저축의 생애주기이론 혹은 평생소득이론은 현재소비가 현재의 소득뿐만 아니라 평생소득에 달려 있다고 주장하는 이론으로 오늘날 소비와 저축에 대한 연구에 가장 많은 영향을 미쳤다.

우리가 왜 저축을 하는지를 생각해 보면 이는 곧 미래의 소비를 위한 것이라 할 수 있다. 가계는 소비를 결정할 때 현재의 소득뿐만 아니라 평생 동안의 소득을 계산하여 자신의 효용이 극대화되도록 각 기간의 소비에 배분하는데 이처럼 소비가 평생에 의해 결정됨을 강조하는 이론이 평생소득이론(the life cycle income theory of consumption)이다.

모든 사람은 공통적으로 유년기와 청·장년기를 거친 다음 은퇴하여 노년기에 이르는 생애주기를 가지는데, 이 중 청·장년기에는 노년기에 대비하여 저축을 하므로 평균소비성향이 낮아지고 유년기와 노년기에는 평균소비성향이 높아진다.

평생소득이론에 따르면 사람들은 퇴직 후의 소비를 위해 저축을 하는데 이를 생애주기적 동기(Life cycle motive)에 의한 저축이라 할 수 있다. 즉, 소득이 감소하는 퇴직 후에도 어느 정도의 소비수준을 유지하기 위해서는 소득이 높을 때 저축을 하였다가 이를 은퇴 후에 사용하는 것이다. 따라서 은퇴 후의 고령 소비자들은 부(-)의 저축을 할 것으로 기대된다. 그러나 이론의 예측과는 반대로 고령 소비자들은 대부분 실제로 정(+)의 저축을 하고 있다. 이는 저축이 은퇴 후의 소비에 충당하기 위한 생애주기적 동기 이외에도 상속 등 다른 동기에 의해 이루어지기 때문이다. 고령자들이 저축을 하는 이유로는 예상치 않은 소비지출에 대비하기 위한 예비적 동기와 후손에게 상속재산을 남기기 위한 상속동기(bequest motive)를 들 수 있다. 저축의 동기로는 질병이 발생하는 경우와 같이 예상치 않은 미래의 소비지출이나 소득변동에 대비하기 위한 예비적 동기를 들 수 있다. 사람들에게는 소비지출이 크게 감소하는 것을 방지하기 위해 미리 완충용 자산(buffer asset)을 마련하려고 저축을 한다. 이와 같은 예비적 동기의 저축은 미래의 지출이나 소득의 불확실성이 높아질수록 증가하게 된다. 또 다른 저축의 동기는 후손에게 상속재산을 남기기 위한 상속동기를 들 수 있다. 상속동기는 자식에 대한 애타심에서 비롯된다. 소비자는 자신의 소비로부터도 만족을 느끼지만 다른 사람의 효용으로부터도 만족을 느낄 수 있다. 이처럼 어떤 사람의 효용이 자신의 소비 이외에 다른 사람의 효용에도 영향 받는 것을 애타심이라고 한다. 애타심의 대표적인 예로는 자식의 효용수준이 부모의 효용에 영향을 미치는 것을 들 수 있다.[11]

저축의 생애주기가설의 내용을 다음 표에서와 같이 요약, 설명할 수 있다.

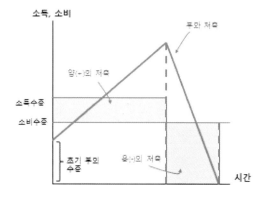

저축의 생애주기가설

2) 노후생활의 재무적 준비와 저축, 소비지출, 퇴직 후 연금 산출의 실제 예시

국민연금수급자의 여가생활비용 등을 포함한 적정 생활비용 수준은 부부는 243만 원, 개인은 월 153만 원으로 적정 생활비용 수준 이상 노후생활비용을 소비하고 있는 은퇴자의 비중은 18.5%라고 말한다. 저소득층 노령 가계의 노후자금은 안전자산 중심으로 구성되어 있는 반면 중산층 노령 가계는 투자금융자산과 연금 등 미래수익 창출이 가능한 자산으로 구성되었다(국민연금연구원 보고서 자료).

나의 인생의 행복한 노후생활준비를 위해 구체적인 연금금액의 수준을 미리 정하고 이를 위해 현재의 직장에서 재무적 준비를 하는 것은 참으로 중요하다고 생각한다. 즉 현재의 급여 수준과 퇴직 예상연도에 의한 은퇴연령을 고려하여 매월 급여총액에서 얼마를 저축해야 하며 그 나머지로 현재의 소비생활수준 규모를 결정해야 한다. 근무 기간의 저축액의 누적액은 곧 은퇴 후 내가 매월 받을 연금액이 되기 때문이다.

저축의 생애주기가설에 의한 저축, 소비지출 그리고 퇴직 후 연금을 실제 산출하기 위한 다음의 예를 보자. 당신은 지금 30세이고 30년 후인 60세에 퇴직하여 85세까지 생존한다고 가정한다. 당신의 현재 연봉은 6,000만 원(월 500만 원)이고 어떠한 자산도 다른 형태로 보유하고 있지 않다. 설명을 단순화시키기 위해서 세금은 없다고 가정한다. 또 인플레이션이 조장된 실질연봉이 65세까지 월 500만 원이라고 가정한다. 그러면 지금 소비를 위해 얼마를 지출해야 하고 얼마를 저축해야 하는가? 당신이 저축하는 모든 금액에 대하여 인출

시까지 이자가 발생한다. 물론 생활비용도 시간이 경과함에 따라 동반 상승할 것이다. 이자율의 연 인플레이션율이 4% 높다고 가정한다. 다시 말하면 실질이자율이 4%가 된다. 퇴직 후를 위해 얼마를 저축해야 하는가에 대한 답을 계산하는 방법에는 두 가지가 있다. (1) 퇴직 전 소득의 목표대체율(Target Replacement Rate)을 기준으로 한 방법이 있고, (2) 퇴직 전후의 소비지출이 동일 수준을 유지하는 것을 목표로 한 방법이 있다.

3) 퇴직 전 소득의 목표대체율에 의한 산출

많은 재무 전문가들은 당신들이 저축계획을 수립할 때 퇴직 전 소득의 80%에 목표대체율을 맞출 것을 가정한다. 즉 퇴직 전 소득의 80%로 퇴직 후 노후 생활할 것을 전제한다. 이 법칙을 우리의 사례에 적용시켜 보자. 퇴직 전 실질소득이 6,000만 원이라면 퇴직 후 소득의 목표 수준은 0.8*6,000만 원, 즉 4,800만 원이 될 것이다. 목적을 달성하기 위해 얼마나 저축해야 하는가를 계산하는 방법은 두 단계로 구성된다.

첫째, 퇴직 시점이 되었을 때 개인퇴직금계정에 누적되어 있기를 원하는 금액을 계산한다. 60세 퇴직 이후 25년 동안 매년 4,800만 원(월 400만 원)씩 인출하기 위해 필요한 퇴직금의 양을 계산한다. 이는 퇴직 후 연금을 받기 위한 퇴직자산으로 연금현가계수(annuity present value factor)를 사용하면 790,509,596원이 된다.[12]

둘째, 그 미래 가치와 동일한 연 저축금액으로 30년 후에 790,509,596원의 목돈을 모으기 위해 매년 얼마를 저축해야 하는가를 계산해야 한다. 이는 근로기간 중 저축해야 할 금액으로 감채기금계수(sinking fund factor)를 사용하면 월 1,222,486원이 된다.[13] 결국 이 계산과 정의 결과 퇴직 후 25년 동안 매월 400만 원의 퇴직급여를 인출하기 위해 당신은 내년부터 직장근무 30년 동안 매월 1,222,486원을 저축해야 한다. 이제 방법 1을 이용하는 데에 있어서의 제반 문제점을 검토해 보자. 방법 1은 당신이 직장생활 기간에 유지되었던 소비수준을 퇴직 이후에도 동일하게 유지할 수 있다는 것을 전제로 한다. 앞의 예제에서 직장생활 동안의 월 소득 500만 원 중에 월 1,222,486원을 저축할 때 당신의 소비지출은 매월 3,777,514원이나 퇴직 이후의 연 소비지출은 매월 400만 원이 된다. 만일 소득의 목표대체율이 너무 높은 것으로 판명되었을 때는 더 낮은 목표대체율로 다시 계산하여 준비토록 한다. 앞의 예에서 목표대체율이 70%(월 350만 원)일 때 필요한 저축액을 다시 계산해 보고 새로운 저축수준은 퇴직 전후의 소비지출이 어떻게 바꾸어지는가를 연구해 본다.[14]

4) 소비지출의 동일 수준 유지에 의한 산출

당신의 목표가 퇴직 전후에 동일한 소비지출이라고 한다면 얼마나 저축을 해야 하는지를 알아보고자 한다. 우선 평생 동안의 소득을 계산하여 자신의 효용을 극대화되도록 전 생애 기간 동안 소비를 배분한 평생소득가설(Life Cycle Income Hypothesis)모형은 다음과 같다.

$$\sum_{t=1}^{T} \frac{C_t}{(1+i)^t} + \frac{B}{(1+i)^t} = W_0 + \sum_{t=1}^{R} \frac{Y_t}{(1+i)^t}$$

C= consumption(소비), Y=labour Income(소득), B= bequest(상속) Wo=initial wealth(초기의 부)

소비지출과 저축금액만을 계산하는 단순화한 공식은 다음과 같다.

$$\sum_{t=1}^{T}\frac{C_t}{(1+i)^t}=\sum_{t=1}^{R}\frac{Y_t}{(1+i)^t}$$

앞으로 55년 동안 매년 일정한 소비지출을 30세에서 85세까지 매년 46,928,870원(월 3,910,739원)을 유지하고 직장생활 동안 연 저축금액은 13,071,130원(월 1,089,261원)이 된다.[15] 위의 식은 45년 동안 예상되는 소비지출의 현재 가치는 향후 30년 동안의 급여의 현재 가치와 같다는 것을 뜻한다. 개인의 미래 급여에 대한 현재 가치를 인적자본(human capital)이라고 하고 인적자본과 동일한 현재 가치의 일정한 소비지출을 항상소득(permanent income)이라고 한다. 앞의 예에서 30년 동안 매년 6,000만 원의 급여를 가정할 때 30세에 당신의 인적자본은 1,099,758,306원[16]이며, 항상소득은 매년 45,955,116원(월 3,829,593원)[17]이 된다. 당신이 나이가 들수록 당신의 잔존 급여의 현재 가치는 점차 줄어들고 결국 65세에 인적자본은 0이 된다. 앞의 예제를 적용한 총부, 인적자본 그리고 연금을 나타내는 표는 다음과 같다.[18]

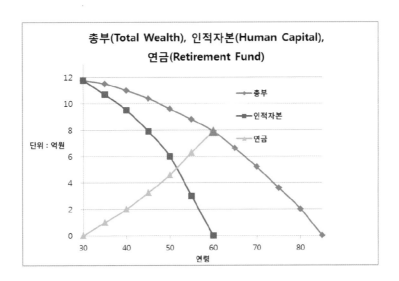

총부(Total Wealth), 인적자본(Human Capital),
연금(Retirement Fund)

단위 : 억원

연령

총부
인적자본
연금

제2장 유병장수리스크

우리나라 사람들의 평균수명은 세계에서 유래를 찾아보기 힘들 만큼 빠른 속도로 상승되어 이미 80세를 넘어섰고 이제 곧 100세 시대가 도래한다고 한다. 안전행정부에서의 통계에 의하면 2014년 100세 이상 인구는 1만 4,672명으로 2010년 3,523명에 비하여 4.6배 급증하였고, 통계청은 2060년에는 약 8만 명의 100세 이상 노인이 생존해 있을 것으로 추정하고 있다. 인간이 원하든 원하지 않든 이미 인간 수명 100세 시대는 우리 곁에 도래했다. 이는 축복일 수도 있지만 재앙일 수도 있다. 예컨대 100세라는 천수(天壽)를 누리더라도 요양병원에서 10~20년을 누워만 있다면 건강하게 80세를 살다 간 사람보다 나을 것이 없다는 얘기이다. 그래서 생긴 신개념이 건강수명이라는 개념이다. 즉 자신의 수명에서 아파서 병원 신세를 진 기간을 뺀 나이가 건강수명으로 평균수명에 삶의 질이라고 할 수 있는 건강상태를 반영시킨 것이다. 2012년 OECD 자료에 따르면 한국인 평균수명은 81.3세(OECD 평균 80.2세)로 일본인 83.2세, 아이슬란드 83.0세에 이어 3위에 해당하며 2014년 WHO 발표에 의한 건강수명은 일본인이 75세로 가장 높았고 그다음은 한국인 73세였다. 한국인은 평균적으로 8년을 질병에 시달리며 살았다는 이야기가 된다. 다행인 것은 2007년 조사 때에 비해 2012년엔 건강수명이 2년 늘어났고 평균수명과 건강수명의 차이는 0.12년 좁혀졌다. 그래도 동네 곳곳에 요양병원이 점점 더 많이 들어서고 있는 현실은 노인들의 건강수명의 심각성을 자각하게 한다. 현재 대한민국 국민건강보험의 보장성이 강화되고는 있으나 아픈 곳 걱정 없이 치료하는 것보다는 안 아프고 건강하게 삶을 즐길 수 있는 것이 모두의 목표인 것은 자명하다 하겠다. 초고령사회(65세 인구가 총인구의 20% 이상인 경우)에 빠른 속도로 진입해 가고 있는 대한민국의 현실은 낮은 출산율, 생산 인구 1인당 부양가족 수의 증가가 불 보듯 자명하다. 기획재정부는 2015년 발표에서 국민연금은 2044년에 적자가 발생해 2060년 기금이 고갈될 것으로, 건강보험과 노인장기요양보험은 고령화에 따른 의료비 지출 증가로 각각 2025년과 2028년쯤 기금이 바닥 날 것으로 예측하고 있다. 이런 국가 사회적 환경을 감안하였을 때 노인들의 건강수명을 늘리려는 노력은 상당히 시급한 과제라 하겠다. 질병의 많은 부분은 일상생활 가운데 식생활 관리와 적절한 운동이라는 생활습관 관리에 의해 예방될 수 있다. 그 이외의 이유로 발생한 질병에 대하여는 조기에 발견하여 치료를 시작한다면 보다 짧은 기간 안에, 보다 적은 비용으로, 보다 완벽하게 회복할 수 있으며 이것이 바로 건강수명 연장의 지름길이라 하겠다. 본 장에서는 한국인 사망의 원인을 빈도별로 보았을 때 가장 흔한 원인인 암(특히 국가 암 검진 권고안에 해당하는 국민 7대 암), 심혈관 질환, 뇌혈관 질환에 대하여 개개인이 각 질환에 대한 관심과 지식을 가질 수 있도록 하였다. 또한 노령자들에게 이미 발병해 있거나 새로이 잘 생기는 질환 가운데 치매, 고혈압, 당뇨병, 대사증후군 등에 대한 정보를 함께 담았다.

1. 한국인의 주요 사망원인

1) 한국인의 7대 암

한국인의 사망원인 부동의 1위인 암! 그 가운데서도 가장 빈번히 발생하고 있는 암은 어떤 암이 있을까? 암의 종류에 따라서 남녀 간의 발생 빈도가 크게 다른 경우도 있고 발병 나이도 조금씩 상이하다. 만약 어떤 암은 일상생활 속 식습관이나 운동을 통하여 적지 않은 범위에서 예방이 가능하다는 사실을 알 수 있다면 건강한 삶을 살고자 하는 목표를 이루기 위해 관련 정보를 얻으려는 노력을 주저할 이유가 없겠다. 그러나 이와 같은 노력과 더불어 우리가 늘 관심 있게 생각해야 하는 포인트는 정기 검진을 통한 질환의 조기 진단이라는 것이 치료의 결과에 얼마나 커다란 영향을 미치는 원인이 되는지에 대한 것이다. 모든 질환에 누구나가 총력적으로 이런 문제들에 대하여 집중적이고 지속적인 관심을 가지며 생활한다는 것은 아주 중요한 실천 요구사항이라 하겠다. 따라서 선택적인 집중은 그 효율성을 크게 제고시켜 나갈 수 있는 최고의 선택지이다. 국가에서는 국민들이 암 검진을 정기적으로 시행하여 암에 의한 건강 손실을 최소화하기 위하여 "국가 암 검진 권고안"을 제정하였다. 즉 여러 암 가운데 중요도를 분석하여 7대 암(위암, 대장암, 유방암, 자궁경부암, 갑상선암, 폐암, 간암)에 대한 검진 권고안을 개발하여 2015년 9월 9일 발표하였다. 7대 암 검진 권고안은 기존의 국가 암 검진 대상 5대 암(위암, 대장암, 유방암, 간암, 자궁경부암)에 대한 검진 권고안을 개정하고, 사망률이 가장 높은 암인 폐암과, 발생률이 가장 높은 갑상선암에 대한 검진 권고안을 새로이 개발한 것이다. 본 장에서는 "7대 암 검진 권고안"에 포함된 위암, 대장암, 유방암, 자궁경부암, 갑상선암, 간암, 폐암에 대하여 각 질환별 역학적 특성, 검진의 이득과 위해 등에 대하여 기술하고자 한다.[19]

1-1. 폐암

① 배경

폐암은 남녀 모두에서 암 사망 원인 1위를 기록하고 있다. 같은 해 한국인 암 발생 통계에 의하면 남자에서는 3위, 여자에서는 5위를 차지하고 있다. 연령군별 암 발생률을 보면 65세 이상에서는 위암에 이어 두 번째로 많이 발생하는 암이다. 5년 상대생존율은 20.7%, 국한 병기의 생존율은 49.5%, 원격 전이의 경우 4.9%로 암의 진행도에 따라 생존율의 급속한 감소를 나타낸다.

② 폐암 검진 권고안

㉠ 검진의 이득

최근 미국에서 대규모 무작위 배정 비교임상시험 결과 30갑년 (pack-year) 이상 흡연력을 가진 55세 이상의 고위험군(금연 후 15년 이상인 과거 흡연자는 제외)을 대상으로 저선량 흉부 CT를 이용한 폐암 검진을 하는 경우 단순 흉부 X선 검사를 하는 경우보다 폐암 관련 사망률을 약 20% 낮출 수 있다는 사실과, 검진으로 인한 손해보다는 이득이 중등도로 높다는 연구 결과가 발표되면서 폐암 검진의 필요성이 대두되었다.

ⓛ 검진의 위해

저선량 흉부 CT를 이용한 폐암 검진은 발견된 결절을 양성으로 판정하는 기준에 따라 차이가 있지만, 양성률(비석회화 결절 발견율)이 20~53%로 높아 이차적 진단에 대한 부담이 있다. 검사 양성자(비석회화 결절 발견자) 중 일부는 침습적 진단검사를 받는 중 합병증이 발생할 수 있다. 또한 저선량 흉부 CT의 반복적인 촬영에 의한 방사선 피폭은 암을 유발할 수도 있다.

③ 폐암 선별검사 적용군

폐암 발생의 고위험군에서 시행되어야 한다. 고위험군은 최소 30갑년 이상의 흡연력이 있는 현재 또는 과거 흡연자이고, 금연한 지 15년이 경과하지 않은 사람들로서 폐암 선별 검사는 55~74세에 시작한다. 그리고 검진 대상자들은 선별 검사에서 폐암 의심 병변이 발견될 경우에 추가적인 진단과 근치적 치료를 받아야 하므로 이런 과정을 견딜 수 있는 체력 조건을 갖추고 있어야 한다. 폐암은 남녀 모두 80~84세군에서 가장 많이 발생한다.

1-2. 자궁경부암

① 배경

자궁경부암은 국내 발생률이 꾸준히 감소하는 추세이나 선진국에 비해 높은 편이다. 이의 검진 방법으로 가장 흔히 사용되고 있는 자궁경부 세포도말검사의 경우 가장 오랜 역사를 가진 방법으로 여러 역학조사에서 효과가 입증된 검사법이다. 검진 주기는 비용과 효과 측면을 함께 고려하여 자궁경부 세포도말검사를 3년마다 하는 것을 권고하였다.

② 자궁경부암 검진 권고안

㉠ 검진의 이득

자궁경부암은 상피이형성증 등 전암 병변이 잘 알려져 있어 조기에 병변을 발견하여 원추절제술과 같이 비교적 간단한 수술로 적절하게 치료할 수 있으며, 자궁경부암 발생을 예방할 수 있는 이득이 있다.

㉡ 검진의 위해

자궁경부 세포도말검사의 위양성으로 인해 질 확대경, 질 확대경하 생검 또는 자궁경부 원추 절제술 등의 시술이 사용될 수 있으며, 이로 인한 질 출혈, 통증, 감염, 분비물 등의 부작용이 나타날 수 있으나 충분히 관리 가능한 수준으로 알려져 있다.

③ 환자 특성별 선별검사 시행 필요 여부

전자궁절제술을 시행한 경우는 자궁경부암 검진을 권고하지 않지만, 기왕증(중증도 이상의 상피이형성증 및 자궁경부암 등)이 있었던 경우는 검진을 시행하도록 권고한다. 인유두종 바이러스 백신 접종과 관계없이, 그리고 임신 여부와 관계없이 지속적 검진을 권고한다.

① 배경

유방암은 갑상선암 다음으로 많이 발생하는 여성 암으로 2012년 유방암의 발생률은 인구 10만 명당 65.7명으로 매년 6.1%씩 증가하고 있다. 국내 유방암 발생 수준은 서구에 비하여 낮으나 아시아 평균보다는 높다.

② 유방암 검진 권고안

㉠ 검진의 이득

유방촬영술을 이용한 유방암 검진군은 대조군에 비하여 유방암 사망률이 약 19% 낮았고 통계적으로 유의하였다.

㉡ 검진의 위해

유방촬영술을 이용한 검진의 위해는 정신적 스트레스와 불안감, 방사선 피폭, 과진단, 위양성률, 불필요한 생검과 수술, 중간암 발생 등을 들고 있다. 그러나 검진으로 인한 위해보다 이득이 높다고 평가되고 있다.

③ 검진의 연령대별 사망률 감소 효과

국내 및 국외에서 70~74세 무증상 여성에서 시행한 유방촬영술을 이용한 유방암 검진은 유방암 사망률에 대한 상대위험도가 모두 통계적으로 유의하지 않았다. 따라서 70세 이상 무증상 여성에서 유방촬영술을 이용한 유방암 검진의 유방암 사망률 감소 효과는 유의하지 않다고 평가하였다. 유방촬영술을 이용한 검진이 유방암 사망률을 감소시키는 검진의 주기는 40~69세 여성에서 2년 주기를 권고하고 있다.

1-4. 위암

① 배경

2012년 기준 우리나라에서 성별에 따른 위암 발생률은 남자에서 전체 암의 18.5%로 가장 높으며, 여자는 9%로 4번째로 많이 발생하였다. 암 사망분율은 남자에서는 위암이 전체 암 사망의 2위, 여자의 경우 3위였다. 국가에서는 1999년부터 2년마다 40세 이상의 전국민을 대상으로 위장조영촬영 또는 위내시경을 이용한 위암 검진을 시행하고 있다. 그럼에도 2012년 기준 남자의 경우 인구 10만 명당 61명에서 발생하였고 23.9명이 사망하였으며, 여자의 경우 25.1명이 발생하여 8.4명이 사망하여 여전히 세계에서 위암이 가장 많이 발생하고 사망하는 국가 중 하나이다.

② 위암 검진 권고안

위내시경검사가 위장조영촬영보다 정확도가 높다. 검진으로 인한 위해보다는 이득이 매우 큼으로 평가되어 위내시경을 이용한 위암 검진을 할 것을 권고하고 있다. 검진의 시작 연령은 40세, 종결 연령은 사망률 감소가 확인되는 최고 연령인 74세로 권고하며, 75세부터 84세까지는 검진의 이득과 위해의 비교를 평가할 만한 근거가 불충분하며, 위암 검진군에서 대조군보다 사망률이 증가하는 85세 이상에서는 권고하지 않는다. 결론적으로 40~74세 무증상 성인을 대상으로 위내시경 검진을 2년 간격으로 시행할 것을 권고한다.

③ 고위험군에서의 검진 주기

평균적인 위암 발생률을 가진 성인에서 위암 검진의 주기를 2년으로 권고하였지만 위암 발생률 위험도가 더 높은 집단에서 2년의 주기를 일률적으로 적용하기는 어렵다고 판단하고 있다. 대표적인 고위험군은 만성위축성위염과 장상피화생이다. 이들에 대하여 검진을 2년보다 더 자주 받는 것이 효과적인지에 대하여는 명확한 근거는 없지만 50세 이상, 남성에서 장상피화생이 동반되었을 경우 1년 주기의 검진이 고려될 수 있다. 이 외에도 위암 직계가족력이 고위험군이다. 위암 가족력이 있는 경우 위암 발생률이 2.85배 증가하고, 위암 직계가족에서 헬리코박터 균에 감염된 경우 위암 발생률이 5.3배 증가하여 이런 경우 더 빈번한 검진의 필요성의 근거가 되고 있다.

1-5. 대장암

① 배경

대장암은 2012년 전체 암 발생의 3위를 차지하고 있으며 만 50세 이상 남녀에게 1년 또는 2년 간격으로 분변잠혈검사를 실시하여 양성인 경우 대장내시경 또는 이중조영 바륨관장술을 실시하는 대장암 검진 사업을 시행해 오고 있다. 1999년부터 2012년까지 대장암

의 발생 추이를 보면 남녀 모두에서 증가하는 경향을 보이고 있다
(연평균 증가율 남성 5.6%, 여성 4.3%).

② 대장암 검진 권고안

무증상 성인에서 실시한 대장암 선별검사로서 대장내시경검사의
이득에 관한 연구에서 선별 검사의 이득에 대한 근거 수준은 중등
도였다. 반면에 분변잠혈검사의 이득에 관한 근거 수준은 높음, 이
득의 크기는 중등도로 결정되었다. 분변잠혈검사의 대상 연령은 45
세~80세로 하였다.

③ 검진 방법에 따른 사망률 감소 효과

대장내시경 검진군은 미시행군에 비해 대장암 특이 사망률 또는
발생률의 상대위험도를 낮춰 주었다. 무증상 성인에서 분변잠혈검사
의 시행이 미시행군에 비하여 대장암 사망률의 상대위험도는 0.86
으로 낮았다. 검사의 주기는 1년 또는 2년으로 하고 있다.

1-6. 갑상선암

① 배경

우리나라 암 발생률 1위인 암으로 발생률이 급격히 상승하고 있다.
이러한 증가는 실제적인 암 발생의 증가보다는 진단기술의 발달과
갑상선암 검진의 보편화로 인한 발견의 증가가 주된 원인으로 제기
되고 있다. 다행히도 갑상선암의 10년 생존율은 99.2%로 매우 높다.

② 갑상선암 검진 권고안

무증상 성인에서 초음파를 이용한 갑상선암 검진은 근거가 불충분하여 일상적 선별검사로는 권고하지 않는다. 그러나 목에 혹이 만져지는 등의 임상증상이 있을 경우 초음파 등 적절한 검사를 해야 한다.

③ 고위험군에서 초음파 검진의 의미

고위험군을 유전적 소인, 갑상선암 가족력, 방사선 노출 여부로 정의하였다. 이 가운데 유전자 변이가 확인된 갑상선암 환자의 가족 또는 장기간 방사선 치료를 받은 소아 림프종 환자를 대상으로 한 진료 지침은 아직 없으므로 향후 개발하기로 하였다.

1-7. 간암

① 배경

간세포암종(간암)은 우리나라에서 두 번째로 높은 암 사망률을 보이는 암으로 특히 40~50대에서 간암 사망은 1위로 질환에 따른 치료비 부담이 매우 높은 암이다. 현재 간암의 발생률은 조금씩 감소하는 추세이기는 하지만 외국에 비하여 여전히 높은 수준이다.

② 간암 검진 권고안

㉠ 검진의 이득

간암 고위험군을 대상으로 간암 검진의 이득은 위해에 비해 충분히 높으며, 중등도의 근거 수준을 가지고 있다.

ⓛ 검진의 위해

조직검사 과정에서 발생할 수 있는 것, CT 시행 과정에서 발생하는 저선량 방사선 피폭, 간 초음파와 혈청 알파태아단백 검사 자체의 위양성 또는 위음성으로 인한 위해가 있을 수 있다.

③ 간암 고위험군에서의 검진

간암 고위험군을 대상으로 하는 간암 검진이 간암 사망 위험을 낮춘다는 일관된 연구결과를 보이고 있다. 간암 발생의 고위험군은 만성 B형 간염, 만성 C형 간염, 간경화증의 세 가지 질환이 대표적인데 이 질환들을 가진 경우 간암 발생의 상대위험도가 유의하게 증가되는 것으로 확인되었다. 특히 간경화증 환자는 간암 발생위험이 가장 크므로 연령에 관계없이 간경화증 진단 시점부터 검진을 받는 것을 권고한다. 또한 만성 B형 간염, 만성 C형 간염 환자의 경우 간암 발생이 급격하게 증가하기 시작하는 40세 이상부터 검진을 권고하고 있다. 간암 위험군에 있어 검진의 주기는 6개월 간격으로 간 초음파 검사와 혈청 알파태아단백 검사를 병행할 것을 권고하고 있다. 간암 고위험군 환자에 대한 검진 시작 연령은 만성 B형 간염, 만성 C형 간염 바이러스 보유자에서는 40세부터, 간경화증 환자에서는 진단 시점부터 권고한다.

2) 심장 질환

한국인들은 혈압 상승 등에 따른 합병증의 발병 빈도에 있어 심혈관 질환의 발병 빈도가 뇌혈관 질환의 발병 빈도보다 낮았으나 최근

들어 한국인 사망 원인의 빈도순에서 두 질환은 2위와 3위를 서로 맞바꾸었다. 즉 암에 이어 두 번째 사망 원인인 심장 질환은 무엇보다도 신속한 진단과 대처가 필수적인 생존 요인이므로 기본적이고 필수적인 질병의 상태에 대한 정보 가치는 상당히 높다고 하겠다. 본 장에서는 관상동맥의 동맥경화에 기인하여 심장근육에 충분한 혈액 혹은 산소 공급이 되지 않는 허혈성 심 질환인 관상동맥 질환, 즉 만성 또는 급성의 협심증과 심근경색에 대하여 각 질환들에 대한 역학적 특성과 병태 생리, 증상의 특성, 발병 위험인자, 위험인자의 관리 및 타 질환들과 차별되는 신속 대처의 중요성에 대해 소개하고 있다.[20]

2-1. 허혈성 심 질환

① 서론

㉠ 허혈성 심 질환이란?

심장 근육에 충분한 혈액 혹은 산소 공급이 되지 않는 상태를 특징으로 하는 질환으로 대부분은 관상동맥의 동맥경화에 기인한다. 따라서 이를 "관상동맥 질환"이라고도 부른다.

㉡ 역학적 특성

예전에는 선진국, 부자들의 질환이었으나 요즈음은 개발도상국, 빈자의 질환이 되었다. 이는 생활습관 조절(위험인자의 조절)로 상당부분 조절이 가능한 질환이다.

② 병태 생리

㉠ 심근 허혈의 원리

심근 산소 공급이 심근 산소 수요보다 적을 때 허혈 상태가 발생한다. 심근이 원하는 양의 산소를 획득하는 방법은 관류 혈액량을 조절하여 이루어지며, 관류 혈액량의 조절은 혈관의 저항을 조절하여 달성한다. 본 질환의 위험인자는 흡연 / 고지혈증, 특히 저밀도 콜레스테롤 / 당뇨병 / 고혈압 / 비만 / 운동부족 / 가족력 등이며 이 가운데 흡연이 가장 위험한 인자이다.

㉡ 심근 허혈(수요>공급)의 원인

공급 감소는 혈관 저항의 증가가 가장 큰 원인이고 그 밖에 심한 빈혈이나 일산화탄소 중독 등에서 나타나는 혈액의 산소운반능력의 저하에서 발생한다. 반면, 수요 증가는 대동맥 협착증이나 비후성심근증에 의한 심한 좌심실 비대에 의한다.

㉢ 관상동맥의 동맥경화 및 합병증

부적절한 혈관수축, 혈전 형성, 혈관내피세포에 단핵구 혈소판이 부착하고 이어서 혈관 내막 하에 지방, 평활근 세포, 섬유아 세포 등이 결집하여 죽상경화반(atherosclerotic plaque)을 형성한다. 이에 의해 혈류에 장애가 초래되는 초기 단계를 안정형 가슴 조임증 또는 안정성 협심증(stable angina)이라 한다. 이런 병태가 지속되면 합병증으로 죽상경화반의 파열이나 균열이 일어난다. 즉 죽상경화반 내의 물질이 혈액과 접촉하면서 혈소판의 활성화 및 응집, 혈액응고 과정이 진행되어 혈전이 형성되고 관상동맥 내의 혈류는 감소되고 결국 심근경색이 발생하게 된다. 매우 서서히 진행하는 죽상경화에 의한 허혈과는 달리 추가 혈전에 의한 혈류 감소는 급속히 진행되어 "급성 관상동맥 증후군"이 발생한다.

20분 이상 혈류 차단 시 세포의 괴사가 일어난다.

ㄱ 안정성 협심증(stable angina)

죽상경화반(노화의 일종)으로 장기간 고정된 동맥 협착 상태이며 장기간 증상의 변화가 거의 없다.

ㄴ 불안정 협심증(unstable angina)

동맥경화반이 터져 국소적으로 혈전을 형성. 갑작스러운 혈류 통로의 좁아짐으로 인해 증상이 갑자기 악화된다.

ㄷ 급성 심근경색(acute myocardial ischemia)

동맥경화반이 터져 국소적으로 혈전이 형성되고 혈관이 완전히 막히게 되면 심근은 괴사되기 시작한다. 30분 이상 지속되는 심한 흉통, 식은땀이 흐르는 초응급 상태가 된다. 당황하며 안절부절못하는 모습이며 통증을 없애려고 스트레치나 주무르기 등의 행동을 한다.

노화의 일종인 죽상경화로 장기간 비교적 고정된 동맥 협착을 수개월간 증상의 변화를 못 느끼며 생활하는 안정적 임상 소견을 보이며 남녀 비율은 7:3으로 전형적으로 남자는 50세 이상에서, 여자는 60세 이상에서 많다.

① 증상의 특성

대부분 흉부 통증이 아닌 흉부 불쾌감으로 압박감, 조이는 듯한 기분, 가슴에 띠를 두른 듯한 기분, 오래 달리기할 때의 숨이 막히는 기분이라 표현한다.

② 증상 발생 위치

전형적으로 가슴 정중앙 흉골부 깊은 곳이나 범위가 넓고 경계가 모호하다. 때로는 흉골부가 아닌 곳으로의 방사통으로 나타난다. 즉 어깨, 팔과 손, 등, 견갑골 사이, 목, 턱, 오목가슴 등에 상기 증세가 나타나 다른 문제, 즉 체했다거나 치과적 문제로 오해할 수 있다. 경우에 따라 방사통만 나타나기도 한다.

③ 증상의 지속시간

대개 수 분 정도 지속된다. 수 초 정도로 아주 짧거나 수 시간 정도로 길지는 않다.

④ 증상의 악화 요인

신체활동이나 감정적 흥분 등 심박동을 강하고 빠르게 하여 심근 산소요구량을 늘리게 되는 상황에서 증세는 악화된다.

⑤ 안정성 협심증의 치료

죽상경화인 심장 질환은 병이라기보다 노화현상이다. 즉 충분히 오래 산다면 누구나 생기는 질환이다. 다만 발병하는 나이, 이로 인해 사망하는 나이는 사람마다 다르다. 이 나이는 타고난 소인인 유전적 소인과 혈관 관리의 정도에 의해 결정된다. 유전은 현재 교정 불가이고, 혈관 관리를 잘 할수록 건강히 오래 살 수 있다. 즉 완치되는 질환이 아니고 관리하는 질환이다.

⑥ 위험 인자의 관리

㉠ 금연한다.
㉡ 혈압 조절: 목표를 140/90mmHg 이하로 한다.
㉢ 지질 관리: LDL-cholesterol치를 100mg/dL 이하로 유지한다.
㉣ 신체 운동: 최소 하루 30분간, 적어도 일주일에 5일 이상 한다.
㉤ 체중 관리: 체질량지수(BMI)는 $18.5 \sim 24.9kg/m^2$를 유지한다.
㉥ 제2형 당뇨병을 관리한다.

⑦ 약물 치료

㉠ 니트레이트(Nitrates) 제제
혈관 평활근을 이완시켜 심근의 산소 수요량을 감소시켜 증상을 완화시켜 준다.
㉡ 타 약제
협심증 증세를 해소하고 사망률 및 재경색 감소 효과가 있는 다음과 같은 약제가 사용된다(베타 차단제, 칼슘 길항제, 항혈

소판 제제).

㉠ 경피경관 관상동맥 형성술: 관상동맥 협착부에 풍선 카테터를 삽입, 확장함으로써 협착부를 넓게 열어 주는 치료법이다.

㉡ 관상동맥 우회로 조성술: 가슴 조임증이 내과적 치료로 충분히 조절되지 않을 경우에 시행한다.

이는 불안정 협심증과 급성 심근경색증을 통합하여 의미하는 것으로 상당히 흔한 질병이다. 이들의 30일 내 사망률은 30%이고 이 중 절반은 현장에서 사망하고 있다. 특히 75세 이상의 경우 4배 높은 사망률을 보인다. 심근은 일단 괴사되면 재생이 되지 않는 조직이다. 즉 심근을 죽게 두어서는 안 된다.

㉠ 환자 자신이 심근경색의 증세를 인지하고 재빠른 의학적 도움을 요청한다.

→ 이는 가장 중요한 요소로 사회적 홍보가 필요하다.

㉡ 제세동 등 심폐소생술 능력을 가진 응급 구급 팀의 빠른 접근

㉢ 환자의 관리 능력이 있는 병원으로의 빠른 후송

ⓔ 재빠른 재관류 시술
  - 내원 전 심폐소생술 특히 제세동 조치의 중요성
  : 사망 시기는 증상 시작 후 24시간 이내이며 이 중 반은 첫 한
  시간 이내에 사망한다.
  - 앰뷸런스 안에서 제세동, 심전도 판독 및 혈전용해제 투여
  등 각 요소의 시간을 줄이려는 노력을 진행해야 한다.

3) 뇌혈관 질환

뇌혈관 질환은 소위 뇌졸중 또는 중풍이라고 일컫는 질환이다. 우
리는 예전부터 집안에 중풍 환자로서 고생하시는 어르신을 모시고
사는 집이 한 집 건너 하나일 정도로 자주 보는 중증 질환 가운데
하나였다. 특히 뇌출혈이나 뇌경색 등에 걸리면 "머리 수술"이라는
너무도 충격적인 치료를 받아야 한다는 압박감에 시달렸다. 그러나
발전된 현대의학에서는 많은 경우의 뇌 질환에 대하여 비수술적 치
료, 즉 코일링과 같은 보다 덜 침습적인 시술로서 좋은 치료 효과를
얻고 있으며 소위 머리를 여는 개두술을 시행한 경우에서도 훨씬 개
선된 치료 결과를 얻고 있다. 그러나 뇌출혈이나 뇌경색, 일과성 뇌
허혈은 역시 위험한 수준의 질환이므로 본 질환의 역학적 특성, 증
상, 위험인자, 질병의 예방 등을 위한 정보를 습득하는 것은 참으로
긴요하다 하겠다.[21]

뇌졸중이란 뇌에 혈액을 공급하는 혈관이 막히거나 터져서 뇌에 손상이 오고 그에 따른 신체장애가 나타나는 질환이다. 뇌에 산소와 영양공급이 중단되어 뇌세포가 죽게 되면 반신마비, 혼수, 어지럼증, 삼키는 것이나 말하는 데 어려움을 겪게 된다.

3-2. 뇌졸중의 종류

① 뇌경색(허혈성 뇌졸중, ischemic stroke)

뇌혈관이 막혀서 뇌가 혈액과 산소 공급을 받지 못하여 뇌세포가 죽게 되는 경우

㉠ 혈전성 뇌경색

커다란 뇌혈관에 동맥경화가 생겨서 혈관이 좁아지고, 혈전(피떡)이 생겨 발생하는 뇌경색

㉡ 색전성 뇌경색

혈전은 뇌의 혈관뿐 아니라 심장이나 경동맥에서 생길 수도 있다. 혈전이 잘 생기는 심장병에는 심장세동, 심장판막증 등이 있다. 이처럼 심장 안에서 생긴 혈전이 떨어져 나가 혈관 속을 흐르다가 작은 뇌혈관을 막으면 뇌경색이 생기는데 이를 "색전증"이라 한다.

㉢ 열공성 뇌경색(소경색, 라쿤경색)

중뇌동맥, 기저동맥 등 커다란 동맥들은 뇌의 안쪽으로 들어가지 않고 뇌의 바깥을 싸고 돈다. 심한 고혈압이 있으면 작은 동맥에 동맥경화 또는 동맥경화와는 조금 다른 '섬유소 양 괴사'라는 병변이

생긴다. 이렇게 가느다란 혈관이 손상되어 막혀 버리면 대개 1.5cm 이내의 작은 뇌경색이 생긴다. 이러한 작은 뇌경색을 '열공성 뇌경색' 또는 '소경색', '라쿤경색'이라고 부른다. 열공성 경색으로 인한 뇌졸중은 손상 받은 뇌 부위가 매우 작기 때문에 뇌졸중의 전형적인 증상이 덜 나타날 수 있어 진단이 늦어질 수 있다.

② 뇌출혈(출혈성 뇌졸중, hemorrhagic stroke)

뇌혈관이 터져 피가 흐르고 고여서 뇌 손상이 오는 경우

㉠ 뇌내 출혈

뇌 안쪽으로 가지를 쳐 들어가는 가느다란 혈관은 고혈압에 의해 손상될 수 있다. 이러한 작은 혈관이 막히면 "열공성 뇌경색"이 되고, 터져 버리면 뇌 안에 출혈이 생기며 이를 "뇌내 출혈"이라 부른다. 뇌내 출혈은 뇌출혈의 가장 흔한 형태이다.

㉡ 지주막하 출혈

뇌는 세 겹의 막으로 싸여 있다. 이 중 중간의 막을 지주막이라 한다. 혈관의 벽 일부가 선천적으로 약해서 꽈리처럼 부풀어 오르면 이를 "동맥류"라고 한다. 이 동맥류가 갑자기 터지면 지주막과 뇌 사이 공간에 급속도로 피가 고이게 되며, 이를 "지주막하 출혈"이라고 한다.

㉢ 동정맥 기형

정상적으로는 우리 몸의 동맥과 정맥을 가는 실핏줄(모세혈관)이 연결하고 있다. 그런데 뇌혈관의 일부가 실핏줄 없이 동맥과 정맥이 직접 연결된 상태로 되어 있는 사람이 있다. 이는 일종의 혈관 기형

으로, 이런 혈관은 쉽게 터질 수 있고 이것이 동정맥 기형에 의한 뇌출혈이다.

③ 일과성 뇌 허혈(TIA, 미니 뇌졸중)

심하게 좁아진 뇌혈관으로 피가 흐르지 못하다가 다시 흐르거나 뇌혈관이 피떡에 의해 막혔다가 다시 뚫린 것으로 뇌졸중 증상이 잠깐 왔다가 수 분에서 수 시간 내에 곧 좋아진다. 일과성 뇌허혈은 금방 아무 일도 없었던 듯이 증상이 사라지기 때문에 대부분의 사람들은 이를 무시하기 쉽다. 또한 이런 증상들이 피곤하거나 나이가 들어서 온다고 생각하고 무심히 넘기는 경우가 많다. 경미한 뇌졸중이지만 가볍게 보아서는 안 될 것이다. 일과성 뇌허혈은 당장 심각한 후유증을 남기지는 않지만 앞으로 발생할 뇌졸중의 강력한 경고이다. 일과성 뇌허혈의 경험자 중 1/3에서 5년 이내에 뇌졸중이 발생한다. 일과성 뇌허혈의 증상은 뇌졸중의 증상과 같다. 그러나 증상이 오래 지속되지 않아 "별일 아니겠지" 하고 간과하기 쉽다. 일과성 뇌허혈이 있으면 즉시 병원에 가서 혈관에 이상이 있는지 검사를 받아야 한다. 빠른 진단과 치료로 뇌경색의 발생을 막을 수 있다.

3-3. 뇌졸중의 증상

뇌졸중은 갑자기 발생하는 것이 특징이고, 흔한 증상은 다음과 같다.
① 갑자기 한쪽 팔다리가 마비되거나 감각이 이상하다.
② 갑자기 말할 때 발음이 분명치 않거나 말을 잘 못한다.
③ 갑자기 눈이 안 보이거나 둘로 보인다.

④ 갑자기 주위가 뺑뺑 도는 것처럼 어지럽다.

⑤ 갑자기 벼락 치듯 심한 두통이 온다.

⑥ 갑자기 의식 장애로 깨워도 일어나지 못한다.

3-4. 뇌졸중의 1차 예방

뇌졸중 최선의 치료는 예방이다. 이를 위해서는 뇌졸중의 예방 수칙 준수가 필요하다.

3-5. 뇌졸중의 2차 예방

뇌졸중은 재발하는 병이다. 한 번 뇌졸중을 경험한 환자는 다시 재발할 위험성이 높다. 재발한 뇌졸중은 처음 발생 때보다 심한 후유증을 남길 수 있다.

3-6. 뇌졸중의 위험요인

① 고칠 수 없는 위험요인

㉠ 나이: 55세 이후 10살이 증가하면 뇌졸중 발생률은 약 2배씩 증가한다.

㉡ 성별: 여자보다 남자의 뇌졸중 발생률이 25~30% 높다.

㉢ 가족력: 가족 중에 뇌졸중 환자가 있는 경우 뇌졸중 발생 위험이 증가한다.

② 고칠 수 있는 위험요인

㉠ 고혈압: 뇌졸중 환자의 60~70%가 고혈압 환자이다. 혈압을
정기적으로 측정한다.

㉡ 당뇨병: 뇌경색 발생 위험을 2~3배 증가시킨다. 당뇨병을 오
래 앓은 경우일수록 뇌졸중 발생 가능성이 높고, 회복도 느리
고 재발도 더 흔하다.

㉢ 이상지질혈증: 혈액 중에 콜레스테롤이나 중성지방 등의 물질
이 과다하게 많이 함유되어 있는 상태이다. 정상인에 비해 뇌
졸중 발생률이 1.5배 높다.

㉣ 흡연: 흡연은 혈전을 쉽게 생기게 하고 혈관을 수축시켜 혈압
을 올려 뇌졸중 발생 위험을 1.5~3배 증가시킨다. 간접흡연도
심뇌혈관 질환 위험을 증가시킨다.

㉤ 음주: 과도한 음주는 뇌졸중의 위험을 증가시킨다. 특히 한 번
에 폭음을 하는 것은 뇌출혈의 위험을 증가시킨다.

㉥ 운동부족: 운동부족은 뇌졸중 위험을 2.7배 증가시킨다.

2. 고령자에게 나타나는 흔한 질환

1) 치매

2018년 국내 65세 이상 인구 비율이 14%를 기록, 불과 17년 만
에 고령화사회에서 고령사회로 진입했다. 미국은 73년, 일본은 24년
걸렸다. 노인 인구가 많아질수록 노인성 질환도 빠르게 증가하게 되

는데 노인성 질환이라 하면 대표적인 것이 바로 치매이다. 고령사회에서 가장 두려운 질병으로 불리는 치매는 아직까지 완치가 불가능해 예방이 무엇보다 중요하다. 길고 긴 세월 노력과 희생으로 쌓아온 자신의 인생 전체가 치매에 걸려 황망히 무너져 내리는 모습을 주변 분들에게서 일어남을 지켜보아 알고 있는 모든 사람들에게 자신이 걸리지 않았으면 하는 질환을 하나만 지적하라면 그게 바로 치매라는 얘기이다. 더욱 큰 문제는 초고령화사회로 진입 중인 우리나라에서 치매 인구의 상승 속도는 너무 가파르다는 것이다. 사회적 부담과 더불어 해당 환자의 가족들이 겪는 부담과 고통은 보통 심각한 것이 아니다. 본 장에서는 이런 심각한 질환에 대한 역학적 해설, 치매의 특이 증상, 건망증과 차별화되는 치매만의 특징, 증상의 악화를 어느 정도 지연시켜 나갈 수 있는 종류의 치매, 예방이 가능한 치매의 종류 등에 대하여 기술하였다.[22]

1-1. 치매의 정의

치매는 병리적 현상이 양쪽 대뇌반구를 침범하여 신경세포의 소실로 기억력을 포함한 인지기능 장애가 진행되어 결국에는 일상생활 능력까지 장애를 발생시키는 질환이며, 치매라는 임상 증후군을 유발하는 원인 질환은 세분화할 경우 70여 가지에 이른다. 이 가운데 가장 많은 것은 알츠하이머병과 혈관성 치매이다. 노인들이 가장 두려워하는 질병은 치매, 뇌졸중, 암, 당뇨 등이 있지만 그중에서도 치매를 가장 두려워하는 것으로 나타나 있다.

치매 중에서도 가장 유병률이 높은 질환인 알츠하이머성 치매는 조기 발견하면 치료제로 중등도 진행 지연이 가능하며, 혈관성 치매는 위험요인을 관리하면 예방이 가능하고, 인지기능 개선제와 항응고제 등의 치료제로 재발을 방지할 수 있다.

1-3. 치매의 증상

뇌는 각 구역마다 하는 일이 나눠져 있다. 치매는 기억력, 주의력, 지각력, 언어 능력, 시공간 기능, 실행증, 실인증, 문제해결 능력, 판단력 등에 문제가 생기는 인지기능 저하 및 우울, 망상, 환각, 불안, 초조, 배회, 충동적 행동 등과 같은 행동 및 심리 증상의 변화로 인해 식사, 용변, 목욕하기, 옷 입기, 몸치장하기, 전화하기, 장보기 등의 일상생활 기능 저하가 발생하게 되는 것이 주 증상이다. 이러한 치매의 증상을 축약적으로 정리하면 1) 일상생활 능력의 감소, 2) 행동 이상 및 장애, 3) 인지기능 장애인데 이 가운데 가장 중요한 것은 인지기능의 저하가 일상생활 능력에 반드시 지장을 주어야 한다는 것이다.

1-4. 알츠하이머 치매

알츠하이머 치매는 1907년 알로이스 알츠하이머 박사가 51세 된 여자 환자의 증상을 기술하면서부터 정의하게 되었다. 환자가 사망한 이후 알츠하이머 박사가 환자의 뇌를 부검했을 때, 아밀로이드

단백질이 비정상적으로 축적되어 노인반(Senile Plaque)이 생성되어 있었음을 확인하였고 환자의 뇌에서 신경섬유의 구성성분인 타우 단백질의 과인산화로 인한 신경섬유 농축체를 발견하였다. 따라서 알츠하이머 치매의 원인은 아밀로이드 단백질의 비정상적인 축적과 타우 단백질의 과인산화가 발생하고 염증이 뇌에 발생하면서 인지 기능의 저하가 발생하게 되는 것으로 기술하였다.

1-5. 치매를 일으키는 다양한 원인들

① 노화: 치매의 유병률은 65세 이상 노인에서 연령이 5세 증가할 때마다 치매 유병률은 2배 정도 높아져서 65~69세의 유병률은 3% 정도인데 80~84세 노인들의 경우는 약 25% 정도의 치매 유병률을 보인다.

② 여성: 알츠하이머병은 여성이 남성보다 2배 더 많다. 그러나 여성의 평균 수명이 남성보다 길고, 호르몬의 차이, X 염색체의 역할, 확인되지 않은 환경적 영향의 차이 등이 성별에 따른 유병률 차이의 원인이 될 가능성이 있다.

③ 가족력: 알츠하이머병의 경우 가족력이 있는 이들은 그렇지 않은 경우에 비해 약 4배 정도 높은 발병 위험성을 보인다. 그러나 주의할 것은 가족성이 곧 유전성을 의미하는 것은 아니라는 사실이다.

④ 두부 손상: 알츠하이머병 환자는 정상인에 비해 과거에 두부손상을 받은 빈도가 높다고 한다. 반복적인 두부 손상이 치매의 발병 연령을 5~7년 정도 앞당긴다고 보고된 적도 있다. 적어

도 두부 손상이 유전적 혹은 환경적 소인을 가진 이들에게는 중요한 위험인자가 될 것으로 보인다.

⑤ 생활습관: 혈관성 치매의 대표적인 위험요인들로는 고혈압, 흡연, 심근경색, 심방세동, 당뇨병, 고콜레스테롤혈증 등이 있다. 혈관성 위험요인으로 알려져 있는 당뇨병, 고콜레스테롤혈증 등 개별 요인의 유전성을 통해 유전적 영향이 발휘되는 것으로 추정되고 있다.

1-6. 치매 예방을 위한 방법

① 많이 읽고, 많이 씹고, 많이 걷는다.
② 생활 습관병(성인병)을 없애고, 술과 담배를 피하고, 노인성 우울증을 경계한다.
③ 건강한 몸과 마음을 유지한다.
④ 스트레스 받았을 때 머리로만 계속 고민하지 말고 운동으로 체력을 길러 스트레스를 이기는 힘을 키워 우울증으로 이어지지 않게 한다.
⑤ 나를 벗어나, 현실 세상에서 몰입할 수 있는 일을 찾고, 그것에 더 많은 시간을 쏟아부어야 한다. 기분 좋아지는 일, 의미를 느끼는 일에 (억지로라도) 몰입하는 시간을 늘려 가야 한다.

주제 1. 뇌에 대한 오해와 이해

1) 나이가 들면 뇌가 작아지고, 뇌가 작아지면 치매가 온다?

대부분의 사람들은 나이가 들면서 뇌가 위축된다. 하지만 정상 노화에서는 손상된 신경세포의 수는 비교적 적다. 따라서 신경세포의 손상이라기보다 신경세포의 변화 (신경세포 가지의 손상, 시냅스 밀도의 감소, 신경세포의 축색돌기를 둘러싸고 있는 마이엘린 수초 등의 변화)라고 봐야 할 것이다. 알츠하이머병과 같은 기억장애는 실제적으로 신경세포 파괴와 함께 노인반등과 같은 나쁜 물질의 축적, 산화성 손상 등이 동반된다. 또한 "수녀연구: 678명 수녀의 뇌부검 연구"에서 보면 이러한 변화들이 있는 뇌라고 해서 모두 치매 증상을 보인 것은 아니어서 뇌 크기가 기능의 저하를 절대적으로 반영하지는 않는다.

2) 모든 스트레스는 나쁘다?

지나친 스트레스는 기억을 흐리게 한다. 하지만 적당량의 스트레스가 있으면 사실 기억을 좋게 만든다. 예를 들어 시험 전날 공부량이 평소보다 훨씬 더 많고 마감시한의 압박이 있으면 집중력과 지구력은 높아진다. 그 결과 정보를 더 효과적으로 습득하게 되고 이것이 기억강화와 재생을 도모한다. 긴장감이 없으면 집중은 흐려질 수 있으며 정보의 흡수가 감소하고 비효율적인 기억강화의 결과를 만든다. 그러나 강한 스트레스는 몸속의 코티솔 분비의 급증을 만들어 기억을 방해하고 오랫동안 노출되면 기억 손상을 일으킨다는 사실은 맞다.

3) 알코올 섭취는 기억을 파괴한다?

과연 술은 신경세포를 파괴할까? 많은 양의 알코올은 뇌에 악영향을 미치는 것은 맞다. 하지만 적은 양의 알코올은 이로운 것으로 나타났다. 최근 적당량의 음주를 한 사람들은 비음주자에 비해 알츠하이머병에 걸릴 확률이 낮다는 보고가 있다. 알코올의 유효한 효과에 대한 기전은 밝혀지지 않았지만, 한 가설에 의하면 알코올이 혈액을 변화시켜 심혈관 위험 요소를 줄인다는 것이고, 또 다른 가설은 알코올이 해마에서 신경전달물질인 아세틸콜린의 분비를 자극한다는 것이다. 하지만 단 한두 잔으로 끝나는 술자리가 힘들다면 과감히 금주하는 것이 낫지 않을까?

4) 게임을 하면 기억력을 향상시켜 치매를 예방해 준다?

게임을 하면 기억력을 향상시킨다는 프로그램과 광고가 많다. 그래서 느닷없이 닌텐도를 새로 구매하여 터치펜이라도 꾹꾹 찔러봐야 할 것 같은 강박관념에 빠지게 되는데, 그러나 집중력과 기억력을 요구하는 게임을 하는 것이 일상생활에서 요구되는 특정한 기억력 향상으로 전환된다는 증거는 없다. 컴퓨터를 이용한 게임은 반복적인 기억 훈련이고 계속하게 되면 점점 더 잘할 수 있다. 그러나 게임판 위의 스위치를 누른다고 쇼핑몰에서 차를 어디에 주차했는지 도움을 주지는 못한다. 물론 주관적이고 공격적인 사고는 기억력을 향상시킬 수 있는데, 가장 기억해야 할 것은 이런 생각의 훈련이 능동적인 육체적 활동으로 연결되는 것이 중요하다는 것이다.

주제 2. 건망증과 치매

1) 건망증이란 무엇이고 이것도 병인가?

건망증은 한꺼번에 여러 가지 일들을 기억해야 하는데 기억 용량이 상대적으로 부족할 때 나타나는 현상이다. 치매는 어떤 기억을 영원히 상실하는 뇌 질환이지만, 건망증은 일시적으로 잊어버리는 자연스러운 노화 현상이다. 치매는 증상이 천천히 악화되는 반면, 건망증은 기억을 잊는 증상이 갑자기 나타났다가 회복되는 것이 다른 특징이다.

2) 자꾸 깜박깜박하는 건망증, 원인은 무엇인가?

건망증은 우울증이나 불안 신경증, 불면증, 폐경 후 증후군 등의 질환을 가진 중년 이후의 주부(주부 건망증)나, 기억할 일이 많고 걱정거리가 많은 중년 남자들에게서 자주 나타나는 편이다. 특히 술, 담배를 많이 할수록 더 자주 나타난다고 알려져 있다. 또한 기억이란 것은 정보를 받아들이면 그중에서 중요한 순서대로 입력을 해서 뇌에 저장하게 되는 과정인데 이때 집중력이 떨어져서 정보를 선택적으로 집중하지 못해도 건망증 증상을 호소하게 된다.

주제 3. 치매의 증상

1) 어떤 증상이 나타날 경우에 치매를 의심해봐야 할까?

치매의 증상은 다음과 같은 증상이 발생하면 치매를 의심해 볼 수 있다. 우선 초기에 기억력에 문제가 생긴다. 사람 이름과 전화번호 등을 기억하기가 힘들거나 얼마 전 들었던 이야기를 잊어버려 같은 질문을 반복하거나, 어떤 일을 해놓고도 잊어버려 똑같은 일을 반복하기도 한다. 또, 물건을 두고 다니거나 가지고 갈 물건을 놓고 가기도 한다. 두 번째는 말을 하거나 글을 읽기가 힘들어진다. 하고 싶은 말이나 표현이 금방 떠오르지 않고 물건 이름이 잘 생각나지 않거나 글을 읽을 때도 문장을 여러 번 반복해야 이해가 된다.

2) 치매의 정도가 심해지면 어떤 증상들이 나타나게 되나?

치매가 심해지면, 이유 없이 때리거나 욕설을 하는 공격적 행동을 보인다. 목적지 없이 집 밖을 배회하기도 하고, 밤에 잠을 잘못 자기도 한다. 누군가가 자신의 물건을 훔쳐갔다고 생각하는 등 주변인을 의심하는 망상이 나타나기도 하고, 감정의 기복이 심해 기분이 좋았다가 금세 나빠지기도 한다. 옷을 입었다 벗었다 하거나 장롱에 넣었다 꺼냈다 하기도 하고, 밥 먹은 것을 잊어버려 계속 밥을 먹으려 하기도 하고, 온종일 잠만 자려고 하거나 온종일 멍하다. 또한 충동적인 행동을 조절하지 못하는데, 성적인 행동을 조절하지 못해서 남을 만지거나 안으려 하는 경우가 있고 배우자에게 성관계를 더 많이 요구하는 경우도 있다. 대소변을 가리지 못하고 목욕이나 세수를 안 하려고 한다.

3) 치매환자가 배회를 하거나, 길을 잃거나, 예상치 못한 사고에의 예방법은?

낮이나 저녁 시간 등을 이용해 정기적으로 함께 산책을 하거나 낮에 뭔가를 할 수 있는 일거리를 주면 배회를 예방하는 데 도움이 된다. 또 이름과 주소, 연락처가 적힌 팔찌 등을 착용하게 하는 것이 배회하다가 길을 잃었을 때 도움을 받을 수 있다.

4) 치매 노인 분들의 배설에 문제가 생기거나 장난을 치는 경우 대처법은?

치매 노인이 때로는 배설물을 만지거나 먹거나 할 때에는 시간을 정해서 화장실에 데리고 간다. 또한 실금을 발견해도 화내지 않아야 한다. 치매 노인은 수치심과 초조감이 높기 때문에 다그치게 되면 다음에 실금을 했을 때 만지거나 먹을 수도 있기 때문이다.

5) 식사한 것을 잊고 계속 식사를 요구하는 경우 대처법은?

분명하게 식사를 했는데도 잊어버리고 계속적으로 식사를 요구할 때에는 1회 분량을 적게 하여 여러 번 식사를 제공하거나, 남은 반찬을 증거로 보여주는 것도 한 방법이다.

6) 치매 노인들이 공격적인 행동을 보일 때 대처법은?

치매 노인이 욕설과 함께 때리려고 할 경우가 있는데 이는 일상적인 행동을 공격적이거나 위협적이라고 오해하여 자기방어 차원에서 공격적인 반응을 보이는 것이다. 이럴 때는 목욕을 시켜주거나 약물을 전달해 주는 등의 접촉활동을 통한 친근함을 인내 있게 보여 주는 것이 좋다.

주제 4. 알코올성 치매

1) 술은 치매를 일으키는 원인 중의 하나인가?

치매는 기억력을 비롯한 다양한 인지기능의 장애가 서서히 발생하면서 일상생활 수행 능력에 문제가 생길 때 진단할 수 있다. 가장 흔한 치매는 노화에 따른 신경계의 퇴행성 변화에 의해 생기는 '알츠하이머병'이다. 하지만 최근에는 젊은 층에서도 치매 환자들이 늘어나고 있는데 과다한 술 섭취로 인한 알코올성 치매가 흔한 원인 중 한 가지이다. 알코올은 혈관을 통해서 우리 몸에 흡수되는데 술을 많이 마시게 되면 혈액 속의 알코올이 뇌세포에 손상을 주게 되고 이러한 문제가 반복되면 회복 불가능한 상태로 뇌에 영구적인 손상을 주게 된다.

2) 알코올성 치매의 대표적인 증상은 무엇인가?

알코올성 치매의 대표적인 증상은 흔히 '필름이 끊긴다'라고 표현하는 블랙아웃(Black-out) 현상이다. 블랙아웃이란 음주 중 있었던 일을 기억하지 못하는 현상으로 술을 마신 후 어떻게 귀가했는지 기억나지 않는다거나 기억이 가물가물하여 어떤 일이 있었는지 모를 때를 말한다. 이러한 블랙아웃 현상은 짧은 시간에 많은 양의 술을 마시는 사람에게 흔히 나타나게 되고 잦은 술자리, 피곤한 상태에서의 음주, 공복 시 음주 등이 위험성을 더 크게 한다고 알려져 있다. 이러한 블랙아웃 현상이 반복될 경우 장기적으로는 심각한 뇌 손상을 일으켜 치매에 이르게 된다.

3) 알코올성 치매도 기억력 저하 증상이 나타나는가?

알코올성 치매의 증상 중에는 기억장애가 있다. 초기에는 최근에 발생한 사건을 기억하지 못하는 양상으로 나타나 점차 진행하여 평소에는 문제가 되지 않았던 일상생활을 하는 데에도 어려움을 겪게 된다. 이러한 증상들이 자주 발생하거나 지속될 때에는 알코올성 치매를 의심해봐야 한다.

4) 알코올성 치매를 예방할 수 있는 방법은?

술을 가능한 한 마시지 않는다. 음주 시 물을 자주 마시고 과일, 채소 등 수분이 많이 함유된 안주를 먹는다. 술은 한 가지 종류로 마시고 여러 술을 섞어 마시지 않는다. 빈속에 술을 마시면 알코올이 체내로 빠르게 흡수돼 간에 부담을 줄 수 있으므로 공복에 술은 피한다. 술잔을 비울 때는 한 번에 마시지 않고 나눠 마신다. 피곤한 상태에서는 우리 몸의 해독력이 떨어져서 쉽게 취한다. 수면 부족이나 컨디션이 안 좋을 때는 음주를 피한다. 과음을 한 뒤에는 3일 이내에 술을 마시지 않는 것이 좋다. 간 기능은 보통 72시간이 지나야 정상적으로 회복된다. 음주 중 흡연은 피한다. 흡연 시 발생하는 일산화탄소가 간으로 공급되는 산소를 차단해 해독력을 떨어뜨린다.

주제 5. 치매를 일으키는 다양한 원인들

1) 치매의 가장 대표적인 위험요인은 노화인가?

일반적으로 치매의 유병률은 65세 이상 노인에서 연령이 5세 증가할 때마다 치매 유병률은 2배 정도 높아져서 65~69세의 유병률은 3% 정도인데 80~84세 노인들의 경우는 약 25% 정도의 치매 유병률을 보인다. 결국 고령으로 접어들면서 잘 버티고 있던 신경세포가 제 기능을 하지 못하고 하나둘씩 기능을 잃어가게 되는 것이 치매이다.

2) 치매가 특히 여성에게 많이 발생하는 이유는?

알츠하이머병은 여성이 남성보다 2배 더 많다. 그러나 여성의 평균 수명이 남성보다 길고, 호르몬의 차이, X 염색체의 역할, 확인되지 않은 환경적 영향의 차이, 높은 E4 대립유전자 빈도 등이 성별에 따른 유병률 차이의 원인이 될 가능성이 있다. 남자보다는 여자의 치매 발병률이 높다는 사실은 여러모로 입증된 바 있다. 이는 여자의 평균 수명이 길기도 하지만, 치매 발병을 일으키는 위험 조건에 더 노출되었기 때문이기도 하다. 전문가들은 출산, 육아 등 여자들이 감내해야 하는 스트레스가 남자에 비해 큰 것도 그 이유라고 설명한다. 남자에 비해 극심한 변화를 겪는 갱년기 또한 여성 치매 유발의 한 조건이 될 수 있다.

3) 출산 후 기억력이 나빠지면 치매로 이어질 수 있나?

치매 초기 증상으로 알려진 경도인지장애(Mild Cognitive Impairment, MCI)도 여자를 위협하는 요소다. 여자들은 출산 후 잦은 건망증을 겪는데, 이 건망증의 빈도가 잦아지다가 최근 일까지 자주 잊어버리면 건망증과 치매의 중간 단계라 할 수 있는 경도인지장애로 진입하는 것이다. 문제는 대부분 이를 건망증으로 치부한다는 사실이다. 곧 이러한 치매 초기 증상이 오래되면 치매로 발전하는 것이다.

4) 가족력이 있는 경우, 치매에 걸릴 위험이 더 높은가?

알츠하이머병의 경우 가족력이 있는 이들은 그렇지 않은 경우에 비해 약 4배 정도 높은 발병 위험성을 보인다. 그러나 주의할 것은 가족성이 곧 유전성을 의미하는 것은 아니라는 사실이다. 쌍생아 연구에서 일란성과 이란성의 일치율이 모두 40~42% 정도로 낮았을 뿐만 아니라 양군의 차이가 없었고, 또 발병 연령이 많게는 10년 이상 차이가 나서 환경적인 요소의 영향도 크다는 것을 알 수 있다.

5) 교육수준도 치매 발병에 영향을 미치는가?

교육수준이 낮을수록 알츠하이머 병 치매의 빈도가 높게 나타난다고 한다. 하지만 교육수준은 사회계층과도 밀접한 관계를 갖고 있으며, 직업으로 인한 위험인자에 대한 노출 등과도 관련성이 있어 이러한 해석에 대해서는 이견이 있는 상태이다.

6) 건강하지 못한 생활습관과 치매 발생과의 관련은?

혈관성 치매의 대표적인 위험요인들로는 고혈압, 흡연, 심근경색, 심방세동, 당뇨병, 고콜레스테롤 혈증 등이 있다. 그 밖에 혈관성 치매와의 관련성이 의심되는 것들로는 헤마토크릿 상승, 지혈 이상, 말초혈관 질환, 과다한 알코올 섭취 등이 있다. 이러한 위험요인들 외에 인구학적 요인 중 연령, 남성, 인종(흑인), 저학력 등도 혈관성 치매의 발병에 영향을 미치는 것으로 알려져 있다.

명확하게 상염색체 우성의 유전양식을 보이는 몇 가지 종류의 유전성 혈관성 치매가 있기는 하지만 이들은 혈관성 치매 중 극히 일부에 불과하며, 대부분의 혈관성 치매에 대한 유전적 요인의 기여에 대해서는 명확히 밝혀져 있지 않다. 다만, 혈관성 위험요인으로 알려진 당뇨병, 고콜레스테롤 혈증 등 개별 요인의 유전성을 통해 유전적 영향이 발휘되는 것으로 추정되고 있다.

주제 6. 우울증과 치매

1) 치매와 우울증은 어떤 관계가 있나?

노인성 우울증에서 기억력 저하, 주의력 결핍 등의 인지기능 장애가 흔하기 때문에 치매로 오인되는 경우가 많다. 우울증으로 인한 인지장애와 치매는 구분할 필요가 있다. 그러나 우울증은 치매의 위험인자이기도 하다. 우울증을 앓은 적이 있는 노인은 그렇지 않은 노인에 비해 치매 발병 가능성이 2~3배 높다.

2) 한국의 대표적인 우울증인 화병을 앓으면 치매에 걸릴 위험이 더 높은가?

화병은 우리나라 문화권에서 보이는 독특한 형태의 질환으로 오랜 기간의 억울함, 분노의 억압으로 발생한다. 최근 스트레스가 알츠하이머병 위험성을 증가시킨다는 연구 결과들이 발표되었다. 스트레스는 뇌의 코르티코트로핀 분비 호르몬 분비를 증가시키고, 이것이 다시 알츠하이머병에서 나타나는 '베타아밀로이드'라는 물질의 생산을 자극하고, 뇌 내 기억력과 관계된 영역인 '해마'의 손상을 유발한다는 것이다.

3) 우울증을 치료하면 치매도 예방할 수 있는가?

우울증이나 화병, 그리고 스트레스는 주변의 지지와 격려, 전문가와 상담, 약물치료 등으로 증상이 호전될 수 있다. 항우울제를 복용하면 약 때문에 오히려 치매에 걸릴 것을 염려해 우울증 치료를 거부하는 분들이 있다. 하지만, 항우울제가 치매의 위험을 높인다는 증거는 없다. 오히려 우울증을 치료하는 것이 치매를 예방하는 방법의 하나다. 다만, 벤조디아제핀이나 항콜린제 계열 등 일부 약물들은 인지장애를 초래할 수 있어 주의가 필요하다.

주제 7. 치매 예방을 위한 방법

1) 치매를 예방하는 3다(多) 방법이란?

첫째, 많이 읽는다. 즉 하루 1시간 이상의 독서 및 신문 읽기는 두뇌 회전에 도움이 되므로 효과적이다. 또, 글을 자주 쓰는 것도 좋은 습관이다. 실제로 편지에 구사된 단어가 다양하고 풍부할수록 치매가 적다는 연구 결과도 있다. 읽는 것보다 실제로 글을 쓰는 것은 더 도움이 된다.

둘째, 많이 씹는다. 저작 운동은 우리 뇌에 신경들과 연결되어 있어 인지기능을 높여 주고 뇌 혈류를 증가시킨다. 치아 상태가 안 좋아져 저작 운동이 줄어든 노인들은 치매에 걸릴 확률이 높다. 젓가락질을 하고 음식물을 씹는 동안에 뇌가 끊임없이 자극받고 활성화되므로 노년기에 접어들수록 먹고, 씹는 행위에 특별히 더 신경 써야 한다.

셋째, 많이 걷는다. 치매 예방을 위해서는 신체적인 활동도 중요하다. 특히 운동은 젊었을 때부터 시작하는 게 좋다. 중년에 신체와 뇌 활동을 활발히 하지 않으면 치매 걸릴 위험이 3배 정도 증가한다는 연구 결과도 있다. 운동을 하면 치매를 일으키는 독성 단백질인 'Aβ-42'의 축적량이 감소하고 총콜레스테롤 수치도 낮아지게 된다.

2) 치매 위험을 높이므로 피해야 할 3불(不) 생활습관은?

첫째, 생활 습관병(성인병)을 없애라. 즉 고혈압, 당뇨, 동맥경화 등으로 혈관이 제 기능을 하지 못하게 되면 혈액공급이 중단돼 뇌졸중이 일어나고 결국 뇌세포가 파괴되면서 치매 증상이 나타난다. 비만 또한 치매에는 치명적인데, 지방세포가 혈관의 노화를 촉진시켜 치매 유병률을 2.5배 높인다. 이런 생활 습관병의 예방법을 위해서는 우선 운동과 식이요법을 해야 한다.

둘째, 술과 담배를 피하라. 습관적인 과음은 뇌세포를 파괴해 알코올성 치매를 일으키게 된다. 술을 6잔 이상 마시는 사람은 술을 전혀 마시지 않은 사람에 비해서 치매 발병 위험이 1.5배 이상 증가하게 된다. 따라서 적당한 양을 조절하지 못할 바에는 차라리 술을 끊는 게 바람직하다.

셋째, 노인성 우울증을 경계하라. 치매 환자의 약 40% 정도가 우울증 증세를 함께 보이는데 이 경우에는 활동 장애나 지적 장애가 더 심하게 나타난다고 한다. 기억력 장애나 집중력 저하 등 치매와 비슷한 증세를 보이기 때문에 '가성치매'로 불리기도 하는 노인성 치매는 적절한 시기에 치료가 이뤄진다면 비교적 회복률이 높은 질환이다.

3) 치매를 예방하는데 도움이 되는 마음가짐은?

"나쁜 생각하지 말고 긍정적인 마음을 가지세요. 좋은 생각을 하세요"라고 말하지 말자. 마인드 컨트롤을 한다고 '나쁜 생각이 머릿속에 들어오는 것을 내가 막아내야 해. 마음속에 들어오는 생각을 내 힘으로 바꾸어 놓을 수 있어'라고 믿으면 믿을수록 그 생각은 오히려 더 착 달라붙게 된다. 이것을 '생각 억제의 역설적 효과(Paradoxical Effect of Thought Suppression)'라고 한다. 의사 중에도 환자에게 '마인드 컨트롤 하세요'라고 조언하는 경우가 종종 있다. 이것은 효과가 없을 뿐만 아니라, 환자들을 더 괴롭게 만들 뿐이다. 부정적 생각이 떠오르면 차라리 그냥 가만히 있는 편이 훨씬 낫다. 이런 종류의 생각들은 시간이 지나면 반드시 사라진다는 것을 믿고 기다려야 한다.

4) 활동을 늘리면 어떻게 치매 예방에 도움이 되는가?

세상 사람은 모두 스트레스를 받으며 살아간다. 회사 문제, 부부 문제, 돈 문제, 건강 걱정… 세상에 스트레스를 받지 않는 일은 없다. 전 국민이 스트레스를 받고 살지만, 우리 중에 우울증이 생기는 비율은 7% 정도이다. 그렇다면 누가 7%에 해당하느냐? 스트레스를 받았을 때 머리로만 계속 고민하고, 활동하지 않을 때 그렇게 된다. 머리로만 해결하려고 하면, 오히려 더 꼬이고 괴로워진다. 스트레스가 우울증으로 이어지는 것도 몸을 움직이지 않고 마음만 쓰려고 하기 때문이다. 신체 활동으로 스트레스 면역력을 기르고, 운동으로 체력을 기르면 스트레스를 이기는 힘을 키울 수 있다. 근육을 단련하면 우울증을 예방하는 데에도 도움이 된다. 스트레스를 받을 때일수록 신체 활동을 꾸준하게 유지하고, 점진적으로 늘려나가야 한다.

5) 활동을 늘리기 위해 어떤 것부터 시작하는 게 좋을까?

몸을 움직이는 것이 중요하다는 것을 머리로는 이해하지만, 몸이 따라주지 않을 때는 해야 할 일을 아주 작은 단위로 쪼개보자. 산책하면 기분이 좋아진다는 것을 알아도, 스트레스를 받으면 소파에 누워 있고 싶어지기 마련이다. 이럴 때는 30분이 아니라, 20분, 10분, 이것도 못 하겠으면, 잠깐이라도 햇빛 좋은 밖으로 나가 벤치에 앉아 있어야 한다. 이것도 힘들다면 집 안에서 왔다 갔다 하면서 몸을 움직여야 한다. 온종일 집에서 편한 옷만 입고 있는 분들이 계시는데, 이럴 때는 아침에 일어나서 샤워하고 외출복으로 갈아입는 것부터 시작해도 좋다. 밖으로 드러나는 행동을 조금씩 실천하다 보면, 의욕도 서서히 살아나게 된다.

6) 명상이나 혼자만의 시간을 갖는 것도 치매 예방에 도움이 되는가?

나 아닌 다른 것에 에너지를 쏟지 않은 채 자신에게만 몰두하면, 부정적인 생각만 늘어나고 더 우울해진다. 우울하고, 불안한 상태에서 자기 자신에게만 파고 들어가면 더 괴로워질 뿐이다. 우울증 환자에게 10분 동안만 자기 자신에 대해 생각해 보라고 하면 어떻게 될까? 더 심한 우울감 속으로 빠져들게 된다. 나를 벗어나, 현실 세상에서 몰입할 수 있는 일을 찾고, 그것에 더 많은 시간을 쏟아부어야 한다. 기분 좋아지는 일, 의미를 느끼는 일에 (억지로라도) 몰입하는 시간을 늘려 가야 한다.

주제 8. 치매 환자의 가족들을 위한 도움말이 있다면?

1) 치매로 진단받으면 가족들의 자세는 어떻게 하여야 바람직한가?

첫째, 치매를 잘 이해한다. 가장 중요한 것은 치매 노인을 질병을 앓고 있는 환자라고 인식하는 것이 중요하다. 정상인의 이상 행동이라고 생각하지 말고 치매의 증상으로써 이해하도록 노력해야 하며, 행동이나 동작이 둔해지는 것 또한 질병의 증세라 이해해야 한다.

둘째, 치매 노인이 말과 행동을 마음으로 받아들인다. 치매 노인의 말이나 행동을 무시하거나, 바로 잡으려 하거나, 설득하려 해서는 안 된다. 이론으로 이해시키려고 하는 것이 아니라 심정적으로 받아들이게 하여야 한다.

셋째, 치매 노인의 입장으로 생각하도록 한다. 치매 노인은 감정적으로 매우 민감하다. 간병인이 짜증스러워하면 노인은 더욱 초조하고 예민해져 격앙되기도 한다. 반대로 온화한 태도로 대하면 온순한 반응을 보인다. 마음의 평정을 유지하고 상대방의 기분이 되어 생각하는 것이 중요하다.

넷째, 치매 노인의 인격을 존중한다. 비록 치매로 인해 인지능력이 낮아져 지금은 어린아이와 같다 할지라도 어른으로서 존경하는 마음으로 인격적으로 대하는 태도가 필요하다.

2) 치매 환자들이 심한 행동 변화를 겪으면 어떻게 해야 하는가?

가족들의 태도는 치매 노인에게 영향을 미친다. 치매 노인이 가족들에게 영향을 미치는 것과 마찬가지로, 가족 역시 치매 노인의 표현방식에 영향을 미친다. 어떤 곳에서는 침착하고 기분이 좋던 환자가 불안하고 까다로운 간병인과 함께 있으면 혼란스러워지고 고분고분하지 않게 되기도 한다. 그러므로 환자를 돌보고 있는 가족들은 늘 미소를 잃지 않도록 노력해야 하며, 지속되는 스트레스로부터 자신을 지킴으로써 치매 노인에게 좀 더 안정된 태도로 임할 수 있다. 만약 간호에 지치게 되면 어떻게 하나? '늙으면 아이가 된다'라고 치매 노인을 아기에 비유하지만, 아기라면 성장의 과정을 지켜보는 즐거움이라도 있지만, 치매 노인은 언제까지 계속될지 알 수 없는 간호에 육체적, 정신적으로 지치게 된다.

간호에 지치면 혼자서 고민하지 말고 관련 기관에 상담하여야 한다. 치매 노인을 집에서 보살피느라 방문 상담이 힘들다면 전화 상담을 이용하는 것도 좋은 방법이 될 수 있다. 혼자서 고민하려고만 하지 말고 최대한 다른 사람들의 도움을 받는 것이 좋으며 다른 가족들의 도움을 얻을 수 없다면 입원기관을 찾아 상담해 보는 것도 바람직하다. 간호가 어려운 상황에서 치매 노인을 계속 집에 두는 것보다 입원기관 서비스를 받게 하는 것이 오히려 노인을 편하게 하는 일이다.

2) 대사증후군

예전엔 먹을 것이 없어서 발생하는 영양실조가 커다란 사회문제였으나 우리는 요즘 너무 많이 먹어서 건강에 문제가 생기는 시대에 살고 있다. 즉 잘 살아서 오는 질환이라고 여기는 복부비만, 고혈압, 당뇨, 고중성지방혈증, 고밀도콜레스테롤 저혈증 등이 복합 증세로 찾아오는 질환이다. 이의 예방과 치료를 위하여 일상에서의 식생활과 운동의 중요성에 대하여 홍보를 하고 있으나 질환의 특성상 급성적인 괴롭힘이 발생하지 않기에 자기 주변 일상에서의 습관을 잘 바꾸지 않고 만성적인 질병의 위해가 누적되면서 결국은 심각한 상황에 직면하게 되는 경우를 드물지 않게 보게 된다. 서서히 곪아 가는 특성은 더욱 무서울 수 있다는 자각이 필요한 질환으로 이해해야 한다. 본 장에서는 복부비만, 고혈압, 혈당 장애, 고중성지방혈증, 낮은 고밀도콜레스테롤증 등으로 나타나는 대사증후군의 원인 인자, 증상, 진단기준, 합병증, 예방 및 관리방법 등에 대하여 기술하고 있다.[23]

2-1. 정의 및 원인 인자

인슐린이라는 호르몬의 가장 중요한 기능은 혈당을 낮추고 대사 균형을 조절하는 것이다. 만약 인슐린이 이런 기능을 정상적으로 하지 못하는 "인슐린저항성"이 생기면 그만큼 많은 인슐린이 분비되어야 한다. 그렇지 않으면 당 대사가 잘 안 되어 당뇨병이 생긴다. 반면에 인슐린이 과량으로 계속 분비되면 혈액 속 인슐린 농도가 증가하는 과인슐린혈증이 되어 혈당 조절은 되어도 다른 대사기능에는 나쁘게 작용하는 부작용이 생길 수 있다. 인슐린저항성의 가장 큰 이유는 과음, 과식, 운동 부족에 따른 복부비만과 지방간, 유전적 이유, 출산 시 저체중아, 스트레스, 노화 등이며, 이 가운데 가장 조심해야 할 것이 바로 복부비만이다. 내장비만세포에서 생산되는 다량의 지방산은 근육의 포도당 이용을 줄이고 간의 포도당 생산을 늘려 인슐린저항성을 악화시키는 결과를 초래한다.

2-2. 진단의 기준

아래 사항 중 3가지 이상에 해당되는 경우를 대사증후군이라 진단한다. [1998년 WHO 기준]
① 높은 혈압: 130/85mmHg 이상
② 복부비만: 허리둘레가 남자 90cm, 여자 85cm 이상
③ 고중성지방혈증: 중성지방 150mg/dL 이상
④ 낮은 고밀도콜레스테롤혈증: HDL Cholesterol 남자 40mg/dL, 여자 50mg/dL 미만
⑤ 혈당 장애: 공복혈당 100mg/dL 이상

2-3. 한국인 현황

국민건강 영양 조사(2007~2010년)에 따른 한국인 유병률은 1998년(남자 20.7%, 여자 22.4%), 2010년(남자 31.9%, 여자 25.6%)으로

국민 전체의 28.8%, 서울시 성인인구의 3명 중 1명이 대사증후군 환자이다.

2-4. 병의 진행과정

"인슐린저항성"은 "고인슐린혈증"을 일으키고 이것이 지속되면 "제2형 당뇨병"으로 발전한다. 또한 고인슐린혈증은 체내 세포의 성장과 발육을 자극하여 혈관 벽을 두껍게 만들고 체내에 염분과 수분을 축적시키고 혈관을 수축시키기 때문에 고혈압을 일으킨다. 또한 지방분해효소를 자극하여 분해된 지방산을 내장에 축적시켜 복부비만과 지방간, 이상지질혈증을 일으키게 된다. 고혈당, 이상지질혈증 및 고혈압의 3가지 요소가 혈관의 위험요소로 작용하여 "죽상동맥경화증"이 생기는데 계속 진행되어 뇌혈관이 막히면 뇌졸중, 심장의 관상동맥이 막히면 심근경색이 된다.

2-5. 인슐린저항성으로 인한 질환들

① 복부비만

㉠ 정의: 뱃살이 많은 비만과 달리 복강 내부의 내장 장간막에 지방이 과도하게 축적된 경우
㉡ 특징: 손가락으로 쉽게 잡히는 피하지방과 달리 배꼽 위로 불룩하고 탱탱하게 배가 나왔으면 이를 의심한다. 내장지방은 피하지방에 비하여 지방 대사의 활성이 높아 내장지방이 1kg 늘어나면 피하지방 5kg과 맞먹는 효과를 내어 건강에 나쁜 영향

을 미치기 때문이다.

ⓒ 원인: 편리한 생활양식과 열량이 높은 음식의 과다섭취

② 이상지질혈증

㉠ 정의: 지질대사의 이상으로 혈중 중성지방은 높아지고 고밀도
(HDL) 콜레스테롤은 낮고 저밀도(LDL) 콜레스테롤이 너무
높을 경우

㉡ 원인: 복부비만과 인슐린저항성은 지방세포 내의 지방산 흡수
와 중성지방 생성을 증가시키고 지방 분해를 억제한다. 또한
골격근세포에서 유리지방산 섭취를 저하시켜서 여분의 유리지
방산이 간으로 유입되어 간에 중성지방이 많이 축적되는 지방
간이 되면 혈중 중성지방은 높아지고 고밀도콜레스테롤은 감
소하게 된다. 이런 지질대사의 변화는 나쁜 콜레스테롤인 저밀
도콜레스테롤의 크기를 점점 작게 만들고 단단해진 저밀도콜
레스테롤은 혈관 내막을 쉽게 통과하여 혈관 벽에 침착되어
동맥경화반을 형성하게 된다.

㉢ 좋은(HDL) 콜레스테롤과 나쁜(LDL) 콜레스테롤의 역할과 관
리 및 임상적 의미: HDL 콜레스테롤이 너무 낮으면 심혈관
질환에 의한 사망 위험이 높아지는데, 한국 성인 중 적정 수준
인 60mg/dL에 못 미치는 사람이 절반을 넘는데 이럴 경우 치
매 발병 위험도가 높아진다. 똑똑한 콜레스테롤인 HDL 콜레
스테롤의 관리는 꾸준한 운동과 금연, 건강한 식습관이 기본이
다. HDL 콜레스테롤을 잘 관리하면 치매 예방에도 도움이 된

다. LDL 콜레스테롤은 양이 많아지면 혈액순환을 막는다. 하지만 좋은 콜레스테롤인 HDL 콜레스테롤은 치매 위험인자인 '베타 아밀로이드'의 분해를 촉진해 알츠하이머병은 물론 혈관벽에 쌓인 잉여 콜레스테롤을 수거 및 배출시켜 혈관성 치매 예방에도 도움을 준다.

③ 고혈당(내당능장애와 당뇨병)

㉠ 공복혈당장애: 8시간 이상 공복 상태에서 측정한 혈당이 100mg/dL 이상인 경우

㉡ 당뇨병: 대사증후군 환자의 인슐린저항성이 오래 지속되어 췌장의 내분비 기능이 한계에 이르면 인슐린 분비를 더 이상 감당하지 못하여 혈당이 올라가며 공복혈당이 126mg/dL 이상일 경우 당뇨병이라 한다.

④ 고혈압

㉠ 정의: 수축기 혈압 140mmHg 이상, 이완기 혈압 90mmHg 이상으로 높은 상태

㉡ 임상 상태: 대사증후군이 동반된 고혈압 환자는 동반되지 않은 고혈압 환자보다 대혈관과 미세혈관 손상이 더 심하게 상승한다. 혈관 손상의 진행은 소변에 단백질이 섞여 나오는 단백뇨로 시작하여 신장기능 저하(사구체 여과율의 저하), 죽상동맥경화증, 심장기능 장애(좌심실 비대, 심부전) 등으로 나타난다.

⑤ 심혈관 질환

㉠ 죽상동맥경화증: 동맥 내벽에 콜레스테롤과 같은 노폐물이 끼면서 동맥 내경이 죽상반으로 좁아지다가 결국 혈전으로 막히는 것을 말한다.

㉡ 잘 막히는 동맥: 관상동맥, 뇌동맥, 하지동맥

㉢ 대사증후군 환자의 심혈관 질환 발생 위험도: 대사증후군 5가지 요소를 모두 가진 사람은 하나도 없는 사람에 비하여 30배 높다.

⑥ 지방간

㉠ 정의: 간세포 내에 중성지방이 과도하게 축적된 상태

㉡ 종류
- 알코올성 지방간 > 과음으로 인한 지방간
- 비알코올성 지방간 > 당질 위주의 과식(단백질 결핍), 운동 부족에 따른 복부비만과 연관된 대사증후군 환자에 많다.

㉢ 검사결과: 간 효소치(SGOT, SGPT) 상승, 초음파 또는 복부 CT상 지방축적 양상을 보인다.

㉣ 임상 경과의 특징: 초기에는 간 기능 장애를 보이지 않다가 정도가 심하거나 오래 지속되면 간기능 이상과 간병변으로의 진행이 될 수 있어 주의가 필요하다.

2-6. 대사증후군의 예방과 관리

① 복부비만의 관리

㉠ 식사와 운동요법 > 가장 기본적이고 좋은 치료법이다.
㉡ 약물치료와 수술 > 약물은 부작용이 많고 가격이 비싸다.

② 이상지질혈증의 관리

㉠ 대사증후군 환자에서 고중성지방혈증의 주된 원인인 탄수화물 중심의 과식, 음주, 복부비만 및 운동부족이다. 그러므로 식이 요법과 운동이 필수이다.
㉡ 고콜레스테롤혈증이 동반된 경우 최소 3개월간의 식이조절과 운동요법을 우선 시행해 보고 효과가 없으면 스타틴 계열의 이상지질혈증 약제를 투약해야 한다.
㉢ 이미 당뇨병이 발병해 있거나 경동맥경화증이 있으면 이상지 질혈증을 잘 관리하고 콜레스테롤 수치가 심하게 높지 않아도 약제 투여가 권고된다.

③ 고혈압의 관리

㉠ 생활습관의 개선이 기본이다. 즉 복부비만을 완화하고 염분 섭취 제한만으로도 초기의 고혈압은 조절된다. 그러나 조절이 안 되면 약물요법을 시작해야 한다.
㉡ 약물치료
수축기 혈압이 140mmHg 이상 또는 이완기 혈압 90mmHg 이상

일 때 시작하지만 대사증후군이 있으면서 심혈관 질환이 있거나 당뇨병이 있으면 130/60mmHg 이하로 조절하는 것이 안전하다.

④ 인슐린저항성의 관리

인슐린저항성의 원인은 후천적 요소가 대부분이나 유전적 요인도 있다. 과음, 과식, 운동 부족, 비만, 스트레스가 주요인이므로 이런 요인들을 관리한다.

⑤ 죽상동맥경화증의 관리

㉠ 예방: 복부비만, 고지혈증, 고혈압 및 당뇨의 관리를 통해 예방한다. 즉 복부비만을 엄격히 관리하여 인슐린저항성을 완화하여야 하며, 고혈압 등을 약물요법으로 관리한다.

㉡ 치료: 관상동맥협착증의 경우 스텐트 등으로 치료하고 있으며 줄기세포를 이용한 치료가 미래의 치료법으로 기대를 받고 있다. 뇌혈관이 막혀 어지럼증, 말의 어눌함, 현기증 등이 발병한 경우 발병 3시간 이내에 응급치료와 재활치료를 해야 한다.

3) 당뇨병

당뇨병에는 그 발생 원인별로 여러 가지가 있지만 가장 많은 원인은 잘못된 식생활 습관과 관련되어 있다. 당뇨병에 대한 적지 않은 사람들의 인식은 실제 당뇨병에 의한 합병증의 중한 실제 상황

보다 훨씬 안이한 수준으로 이해하고 있음에 큰 문제가 있다. 당뇨
는 우리 몸의 대사 과정의 많은 부분과 연관되어 있어 전신 질환으
로 인식해야 하며 이의 합병증은 몸의 거의 모든 기관에서 나타난다
고 이해하면 된다. 전신에 분포되어 있는 혈관에 이상 증세를 일으
키면서 각 장기의 기능을 하나씩 손상시켜 결국 삶의 질을 크게 손
상시키므로 초기에 엄격하게 다루지 않으면 큰 후회를 하게 된다.
본 장에서는 점점 발병 인구가 늘고 있는 본 질환의 주된 증상과 진
단 기준, 치료법, 합병증의 관리법, 발병에 대한 예방법 등을 기술하
고 있다.[24]

3-1. 당뇨병이란?

췌장에서 생성되는 인슐린이란 호르몬이 부족하거나 혹은 분비되
는 인슐린이 체내에서 적절하게 작용하지 못하여 초래되는 고혈당증

3-2. 당뇨병의 분류

제1형 당뇨병, 제2형 당뇨병, 임신성 당뇨병, 내당능 장애와 공복
혈당 장애, 기타 특이 형태의 당뇨병으로 분류된다.

3-3. 당뇨병의 대표 증상

빈뇨(소변을 자주 봄), 다뇨(소변을 많이 봄), 다음(물을 많이 마
심), 다식(배가 고파 많이 먹음), 체중 감소

3-4. 당뇨병의 기타 증상

피로감, 눈이 뿌옇게 보임, 다리에 통증, 입이 마름, 피부가 건조하고 가려움, 발기부전, 음부 가려움증(여성), 상처 치유가 느리거나 잘 안 됨, 감염성 질환에 잘 걸림(감기, 요도 감염 등).

3-5. 당뇨병의 진단 기준

① WHO(1985년): 공복혈당 140mg/dl 초과 또는 식사 2시간 후 혈당이 200mg/dl 초과

② ADA(1997년): 공복혈당 126mg/dl 초과

3-6. 당뇨병의 치료

① 적절한 체중 유지

(1) 제1형
㉠ 저체중인 경우가 많으므로 충분한 열량 공급
㉡ 인슐린 치료 환자의 경우 혈당 조절이 불량하면 체중 증가
㉢ 과체중일 경우 열량 제한

(2) 제2형
㉠ 과체중인 경우가 많으므로 열량 조절
㉡ 체중 조절을 통하여 인슐린저항성과 비정상 혈당 농도 개선
㉢ 체중 조절로 합병증 예방

② 식품 선택 방법

하루 3번 규칙적인 식사시간 지키기, 정상체중을 유지하며 과식하지 말기, 다양한 식품을 골고루 먹기, 단 음식을 피하기, 동물성 지방과 콜레스테롤 적게 먹기, 섬유소 충분히 먹기, 음식을 싱겁게 먹기, 절대 과음하지 말기

3-7. 당뇨병의 합병증

① 급성 합병증

저혈당과 고혈당, 고삼투압 고혈당 비케톤성 증후군, 당뇨병성 케톤산증

② 만성 합병증

당뇨병성 신경변증, 미세혈관 질환: 당뇨병성 신증, 당뇨병성 망막증, 당뇨병성 심혈관 질환

3-8. 당뇨 환자의 운동

① 무리한 운동은 부작용을 일으킬 수 있다.
② 고혈압, 심장 질환, 안과적 질환, 신경증, 비만 등 합병증이 있는 경우 주의한다.
③ 저충격, 유산소 운동을 한다.
④ 운동시간은 준비운동, 정리 운동 포함하여 총 20분부터 시작한다.
⑤ 빈도는 일주일에 3~5회로 늘려 간다.

⑥ 약간 땀이 나고 옆 사람과 대화가 가능한 정도로 한다.

흔히 뒷목을 잡아당기며 어지럼증을 호소하는 모습으로 고혈압 환자의 증세를 표현하고 있는데 현대의 한국인은 고혈압 발생 빈도가 계속 증가하고 있다. 고혈압 환자의 발생엔 집안 내력, 즉 유전적인 원인도 있으나 식생활의 잘못이 가장 큰 원인으로 알려져 있다. 한국인들은 식습관 등의 이유로 9.4년이나 건강하지 못한 삶을 살게 된다는 연구결과가 있다. 즉 평균수명과 건강수명의 차이가 9.4년이나 되는 사실에 원인 제공 인자로 식습관의 위해는 그만큼 중대하다고 하겠다. 특히 나트륨의 과다 섭취나 과식하는 습관은 한국인의 건강수명을 13.4개월 정도 낮추는 것으로 조사되었다. 본 장에서는 고혈압이 발생하지 않도록 철저한 식생활 습관의 관리에 관한 정보와 더불어 중요한 합병증의 특징 및 치료에 대하여 기술하고 있다.[25]

고혈압의 약 90~95%는 원인이 확립되지 않은 본태성 고혈압이다.
㉠ 원인: 불명
㉡ 전체 고혈압의 90%를 차지한다.
㉢ 대개 50~60대에 특징적으로 시작되며, 중노년층의 평생 고혈압 발병 확률은 90%이다.

② 고혈압에는 유전적 인자와 환경 인자가 모두 관여한다.

② 이차성 고혈압

㉠ 밝혀진 원인

　- 사구체 신염 등에 의한 신성고혈압(약 2~3%)

　- 신동맥 협착

　- 내분비성 고혈압(원발성 알도스테론증, 갈색 세포종, 갑상선

　　및 부갑상선 질환)

　- 대동맥 축착증, 대동맥판 폐쇄부전증

　- 임신중독증

　- 피임약, 스테로이드를 포함한 다양한 약제

　- 수면무호흡증

㉡ 전체 고혈압의 5~10%를 차지한다.

㉢ 수술적 치료가 효과적이다.

㉣ 임상적으로 본태성 고혈압과 대개는 구분이 가능하다.

4-2. 자가(가정) 혈압의 측정

① 국제적으로 검증된 자동혈압측정기기를 이용하여 가정 또는
　직장에서 환자 자신이 스스로 측정한 혈압

② 아침 혈압: 기상 후 용변을 본 뒤에 등을 기대고 앉아 심장 높
　이의 테이블에 팔과 팔꿈치를 올려놓고 측정된 2회의 혈압 수
　치의 평균값

③ 저녁 혈압: 취침 전 2회 측정치의 평균값

④ 자가 혈압은 진료실 혈압보다 통상 10~15/5~10mmHg 낮으

며 경중 고혈압의 약 20%는 자가 혈압으로는 고혈압이 아님.
⑤ 자가 혈압의 가치: 고혈압의 조기 발견(135/85mmHg 이상 시 고혈압으로 판정)

4-3. 고혈압의 증상

① 원칙적으로 특이적인 증상은 없어 침묵의 살인자(silent killer) 라 불린다.
② 정신적인 불안에 의한 것이 대부분이다(두통이나 어깨 결림, 비출혈, 이명, 어지러움 등).
③ 자각증상을 호소하는 경우에는 중등도 이상의 고혈압, 합병증 의 동반, 그리고 2차성 고혈압을 의심해야 한다.

4-4. 고혈압의 치료

① 치료의 목적과 의의

㉠ 사망의 원인: 50%는 관상동맥 질환 및 심부전, 33%는 뇌졸중, 10~15%는 신부전이다.
㉡ 고혈압 치료의 절대적 효과: 뇌졸중의 발생은 약 35~40%, 심 근경색은 20~25%, 심부전은 50% 이상 감소시킨다.

② 생활습관 개선의 강압 효과

㉠ 체중감소: 5~10mmHg/10kg
㉡ 식생활 개선: 8~14mmHg

ⓒ 저염식: 2~8mmHg

ⓔ 운동: 4~9mmHg

③ 약물치료의 개시

1기 고혈압이면서 위험인자가 전혀 없으면 약물치료를 대신하여 생활요법의 시행이 가능하다. 생활요법은 환자에 따라 효과의 차이가 많으므로 효과가 없거나 환자가 생활요법을 시행하기 위해 병원에 자주 방문할 수 없는 상황, 또는 환자가 비협조적이거나 새로운 위험인자가 나타날 때는 적극적으로 약물치료를 고려한다.

제3장 무업장수리스크

1. 일(업)의 진정한 의미

1) 일의 진정한 의미 "애써 일하다"

고통은 인간을 포함한 생물체만이 가지는 특징으로 우리 인간이 살아가는 동안 가장 피하고 싶어 하고 혐오하는 것이다. 고통은 생명체(인간)만이 느낄 수 있는 것으로 하나님은 우리 인간을 "수고하는 일(toil)", 즉 고통을 통해 기쁨(행복)을 느낄 수 있도록 만들었다고 말씀하신다. 성경은 일하다(work) 대신 "애써 일하다(toil)"로 표현한다. 사람이 세상에서 즐길 수 있는 것은 먹고 마시고 수고함에서 누릴 수 있다고 말씀하시면서 이것은 하나님의 선물로서 하나님의 손에서 나온 것으로 하나님 자신도 이를 통해 누구보다 잘 즐기셨다고 한다.[26]

여기서 행복은 수고함, 즉 애써 일한(toil) 후에 얻는 부산물(by-product)로서 행복은 추구해서 얻는 목적물이 아니라 우리 인간이 수고하여 애써 일함으로써 얻을 수 있는 부산물임을 알 수 있다. 즉 일(業)함 없이는 행복해질 수 없다고 말할 수 있다. 성공을 추구하는 기업인들이 치러야 할 대가는 일시적 고통을 감수해야 한다.

이 고통이 두려워 멈추면 그때까지의 고통은 무의미해지고 사업을 포기하는 순간 모든 것이 수포로 돌아간다. 그래서 고통스러운 순간을 극복하려는 의지와 인내심을 키우는 것이 최고지도자의 가장 중요한 덕목이라고 생각한다. 그리고 좋은 것과 나쁜 것은 새끼 꼬듯 같이 간다고 한다(Clouds always follow the sunshine). 따라서 인생의 즐거움(행복)을 만끽하기 위해서는 이와 상반되는 고통이 수반되어야 한다. 윌리엄 블레이크(William Blake)의 시구를 인용하면 "기쁨과 비탄은 섬세하게 직조되어 있다(Joy and woe are woven fine)"로 표현한다.

고난 자체는 과정이지 목표가 아니다. 풍성한 삶을 위한 "가지치기"이며 영적 성숙과정이다. 하나님께서는 고난을 통해 순금같이 우리를 만들어 전화위복의 축복을 주신다. 그래서 우리는 고난을 기쁨으로 받아야 한다. 고난이 크면 클수록 순금의 농도는 더 진하게 된다(욥기에서의 욥은 히브리어로 고난 받은 자라고 한다). 4차 산업혁명의 도래로 AI(인공지능)인간이 인간을 지배할 것에 대하여 두려워한다. 그러나 인공지능의 최대의 단점은 고통이 없다는 것이다. 세상을 떠난 사람만이 고통이 없다. 고통은 극복하는 것이 아니라 그냥 견디는 것이다. 앞으로 경제(돈), 건강, 일, 인간관계 관리를 중요시하며, 특히 業은 죽을 때까지 있어야 하며 이는 우리를 건강하고 의미 있는 삶을 지탱하게 해 주는 할 일을 의미한다. 아무것도 하지 않았을 때의 지루함과 고통은 일할 때의 어려움보다 훨씬 강하고 어렵다고 한다. 일은 인간의 존엄성을 나타내며 정부정책은 노인들이 인간의 존엄성을 유지하며 인간답게 살 수 있도록 도와주어야 한다. 특히 제2의 인생에서는 일을 찾는 것보다 일을 자기 나름대로 만드는 데 초점을 맞추고 진정 자기가 좋아하는 일이 무엇인가, 무얼 하면 눈 반짝이고 가슴 뛰는가를 과감히 생각하고 추진해야겠다. 일반적인 일(work)의 개념보다 "애써 일하는(toil)" 인간으로 만드신 하나님의 의도를 되새기며 자신만의 "業"을 통해 즐겁고 열정적으로 도전하며 의미 있고 가치 있는 삶을 누리면서 행복해지기를 바란다.

2) 직업의 의미, 소명과 업보

제1의 인생에서는 직업(職業)을 통해 일을 하고 제2의 인생에서는 업을 통해 일을 한다. 직업은 생계유지를 위하여 자신의 적성과 능력에 따라 일정 기간 종사하는 일이다. 먹고살기 위해 꼭 가지고 있어야 할 것으로 생각된다. 직업은 직(職)과 업(業)의 합성어이다. 직은 운명적으로 부여받은 일을 의미한다. 관직, 공직, 천직 등이다. 업은 해야 할 일을 뜻하며 기독교에서는 일을 하나님의 부름을 받은 일로서 소명(召命, calling)으로 표현한다. 16세기 종교개혁자 마르틴 루터(Martin Luther)는 소명은 생산적인 어떤 일에도 적용될 수 있으며 자신의 일을 열심히 수행함으로써 신을 기쁘게 하고 인류의 복지향상에 기여하는 것은 소명이 될 수 있다고 주장했다. 불교에서는 업을 업보(業報)과 같은 의미로 본인 행위의 결과로 나타나는 현상을 포함한다. 불교의 관점에서는 사람은 한 번만 태어나는 것이 아니고 수천 년 또는 수백 년에 한 번씩 인간으로도 태어나기도 하고 동식물로도 태어난다고 보고 있다. 이렇게 태어나서 살아가는 동안 착한 일을 많이 하는 것을 공덕(功德)을 쌓는다고 하고 반대로 나쁜 짓을 많이 하면 악업(惡業)을 쌓는다고 한다. 그 쌓은 만큼에 대한 결과는 자신이나 자신의 자손이 전생에 쌓아 온 업의 결과로 다음 세대에 부자, 혹은 가난한 자, 개, 돼지로 태어난다고 한다.

일반적으로 직업에 대한 개인적인 철학이 결국 그 사람의 직업관이기 때문에 어떤 사람의 정체성을 평가하는 데 그 사람의 직업은 상당히 좋은 척도로 이용할 수 있다. 일은 인간의 존엄성을 나타내며 우리 스스로 해야 할 일을 결정하고 그 결과를 책임지는 정신은 자유로운 개인의 삶에서 중요하다. 그리고 일을 하는 데 중요한 것은 좋아하는 일을 택하라는 것이다. 이는 전 세계 금융투자업계에서 가치투자의 대가로 불리는 워런 버핏(Warren Buffett)이 어느 날 네브래스카 대학교에서 열린 좌담회에 참석했다. 한 학생이 워런 버핏에게 성공의 비결이 무엇인지 이야기해 달라고 하자 버핏은 "좋아하는 일을 택하라. 그러면 성공은 자네를 비켜 가기 어려울 것이다. 핵심은 일을 매일 즐겨야 한다"라고 대답했다. 그리고 성공의 정의에 대해서도 "늙어서 자네가 사랑해 줬으면 하는 사람이 자네를 사랑해 주면 그게 성공이다"라고 덧붙였다.[27]

3) 남자는 목표 지향적

일과 남자는 밀접한 관계 이상으로 남자는 죽을 때까지 일을 해야 하는 운명적인 것으로 기독교에서는 사명 또는 불교에서는 업보와 가까운 의미로 생각된다. 최근에는 남녀 구분 없이 일을 하는 사회가 되었지만 과거에는 남자는 직장에 나가 돈을 벌어 가족을 부양하고 여자는 집에서 살림과 육아를 통해 가정을 꾸미는 역할 분담을 오랫동안 해 왔다. 남자는 밭에서 일하는 사람 혹은 열 사람의 입을

메꿀 수 있는 사람이라고 한자의 "男"은 표현한다. 그래서 남자는 목표 지향적이다. 수렵시대에는 남자는 쉼 없이 사냥을 했으며 매일 동물 몇 마리를 갖고 집에 귀가해야지만 가족인 부인과 자녀들의 식사의 원천을 제공할 수 있었다. 수렵생활 시 남자는 동굴인 집에 들어올 때 토끼 몇 마리가 중요했으며 이것이 남자로 하여금 목표 지향적 사람을 만들었으며 지금까지도 그 역할에는 변함이 없음을 알 수 있다. 낮에 동물을 사냥하는 과정에서 자기보다 힘센 사자나 호랑이의 공격으로부터 많은 상처와 고통이 뒤따랐지만 집에 돌아와서는 부인과 자녀에게 사냥의 어려움에 대해서는 절대 이야기하지 않고 아무런 일이 없었다는 듯이 토끼 두 마리만 그냥 건넨다. 남에게 굽히지 아니하고 자신의 품위를 스스로 지키려는 강한 자존심은 남자에게만 있는 듯하다. 여자는 두 사람의 개체를 연결하는 역할과 서로가 잘 지탱할 수 있도록 하는 사람이라고 한자의 "女"는 의미한다. 그래서 여자는 관계 지향적이다. 사귐과 교제가 남자보다 빠르며 스토리텔링적인 사고가 우월하다.

때로는 남자가 동물 사냥을 하고 있는 동안 여자는 도토리를 주우며 따라다녔다. 그런 과정에서 여자는 주위를 잘 관찰하고 지각하는 능력이 발달되었다. 여자가 집에 잘 들어오면 가정이 평화롭다고 한다. 평화의 화(和)는 벼가 입에 들어오니 조용하고 좋다는 의미로 해석된다. 따라서 자녀를 잘 양육하고 가정의 평화의 몫은 여자의 역할이다. 이것은 행복한 가정을 위하여 저희들에게 준 큰 축복이다. 이렇게 인류는 50만 년 전부터 동굴에서 생활하면서 남자는 목표 지향적이며 여자는 관계 지향적으로 서로의 역할을 담당하면서 살아왔다.

존 그레이(John Gray)는 『화성에서 온 남자 금성에서 온 여자』라는 그의 저서를 통해 인간이지만 서로가 전혀 다른 독립적 인격체로서 남녀 서로의 다름을 인정하고 문화와 생각을 이해하려고 노력해야 부부생활이 화목할 수 있다고 한다. 나는 가끔 제자의 결혼주례를 하곤 한다. 결혼하고자 하는 사람들에게 주는 말로서 두 사람은 배우자의 생각과 행동을 자신에게 맞추도록 노력하지 말도록 당부한다. 아무리 상대를 사랑하고 속속들이 안다고 해도 태어나 30년 이상 각자의 삶을 살아온 독립된 인격체이다. 부부는 일심동체여야 한다는 생각으로 서로를 자신에게 맞추고자 하면 섭섭함이나 감정의 대립이 먼지처럼 점점 쌓여가게 된다. 부부싸움의 원인은 옳고 그름을 따지는 데서 시작되고 결혼생활에서 중요한 점은 서로의 다름을 인정하는 것으로 꾸준히 다른 점을 일치하기 위해 노력하는 과정이다. 흔히 어른들이 말씀하는 것처럼 평생 해로한 부부는 외모도 말투도 닮아가게 되고, 서로의 눈빛만 봐도 상대의 생각을 알 수 있게 된다고 하지만 이 말은 서로가 다름을 있는 그대로 받아들이고 스스로 맞추려고 노력할 때 결과적으로 하나가 될 수 있다는 말이다. 달리 말하면 사랑이 충만한 삶이란 서로에게 자연스럽게 동화되어가는 과정이지 집착이나 강요가 아니라는 것이다. 부부는 일심동체란 말도 결과이지 과정이 아니라는 점을 마음에 깊이 새겨야 한다고 생각한다.

즉, 남자와 여자는 말하는 방식이 다르고 행동하는 방식이 다르며 생각의 구조 자체가 다르다는 것은 인류가 생긴 이래 생존하기 위한 생활습관에서 유래된 것으로 이해된다.

2. 은퇴 이후의 일과 삶

1) 포트폴리오 생활자

포트폴리오는 라틴어에서 유래된 작은 서류 가방이라는 의미로 투자에서 중요한 용어로 사용된다. 1952년 해리 마코위츠(Harry Markowitz)가 포트폴리오 선택이론을 발표하여 현대 리스크관리이론 발전에 선구자적 업적을 인정받아 1990년 노벨 경제학상을 받았다. 마코위츠 모형은 투자자들이 위험과 수익에 대한 균형을 찾아내고 자신의 투자성향에 맞는 분산조합을 선택해서 투자 포트폴리오를 만드는 데 도움을 준다. 이러한 포트폴리오라는 개념을 경영환경 변화에 따른 인간의 행동분석 연구에 접목한 사회철학자가 바로 영국의 찰스 핸디(Charles Handy)다. 사회철학자란 새로운 사회의 실질적인 문제에 관심을 가져야 한다는 것이 그의 생각이다. 그는 피터 드러커와 톰 피터스를 포함해 세계를 움직이는 50인의 한 사람에 꼽힐 정도로 영향력 있는 경영 컨설턴트이다. 그가 말하는 포트폴리오 인생(portfolio life)이란 영국에서 산업 구조가 산업사회에서 지식정보화사회로 되는 경영환경 변화에서 비롯된다. 평생직장은 사라지고 대기업은 직장인에게 더 이상 희망이 되지 못했다. 퇴직 후 새로운 직업, 새로운 경력, 개인의 삶을 준비하는 새로운 방식이 대두되고 있음이 분명했다. 점점 많은 노동자가 반강제적으로 소속 조직이 없는 독립노동자로 내몰리거나 자의로 그 길을 택하게 된 것이고 결과적으로 이들이 사회구성원의 다수를 이루리라는 생각에서 나온 개념이었다. 오랜 직장생활을 하고 은퇴를 하게 되면 포트폴리오 생활자, 프리랜서, 독립 생활자가 되는 것이다. 전일제 직장생활이 아니라 다양한 활동으로 삶의 포트폴리오를 구성해서 사는 은퇴자 말이다. 퇴직 후 6개월이 지나면 자유스러운 생활에 대한 기대가 이제는 매력적으로 보이지 않았다. 포트폴리오 생활자가 되는 것이 이론으로 생각했던 것보다 훨씬 어렵다는 것을 절감했다. 근본적으로 그동안 내 인생은 외부에서 주어지는 지시, 외부에서 나한테 기대하는 바에 따라 움직였다. 그런데 갑자기 외부에서 아무것도 들어오지 않았다. 참석해야 하는 회의도 없고 답신해 줘야 하는 전화도 없고 지켜야 할 약속도, 목표도, 평가도 없었다. 다이어리는 텅 비어 있었다. 너무 좋을 거라고 생각했지만 막상 당해 보니 기쁘지 않았다. 오히려 당황스러웠다. 안전하게 보호받던 감옥에서 열린 세상으로 나가는 일을 과소평가하지 않기로 했다. 명확한 정체성을 상실했다는 사실이 더욱 불안했다. 포트폴리오 생활자라는 말은 내가 택한 삶의 방식을 말해 주지만 내가 누구인지 무엇을 하는지에 대한 정보는 전혀 담고 있지 않았다. 갑자기 나는 매인 데 없는 자유계약 선수로서의 삶을 진지하게 고민해야 하는 상황이 되었다. 매일 아침 잠자리에서 일어났을 때 반드시 해야 할 일이 있어야 한다는 사실과 안 그러면 은퇴 여파로 내가 비참하게 될 수 있다고 누군가 진심으로 하는 충고의 소리에 귀를 기울여야 한다. 찰스 핸디는 49세에 대기업에서 퇴직하여 자신의 포트폴리오 인생을 시작한 것이다. 한때 정유회사의 마케팅 임원, 대학 학장, 이코노미스트 등과 같은 직책을 담당했던 그였다. 그러나 제2의 인생에 들어서서 작가로서 글을 쓰고, 강연을 하고, 방송에 출연하면서 스스로의 노력으로 자기 일을 개척해 나가야 했다. 큰 조직이라는 보금자리와 보호막을 떠나

눈보라 치는 광야에 홀로 서 있을 때 외롭고 두려웠다. 그러나 책을 쓰고 방송에 출연하면서 독자나 시청자에게 호평을 들었을 때 큰 위로를 받았으며 프리랜서로서 자긍심이 생겨났다. 그리고 미래의 삶에 대한 진지한 영감을 받았으며 자신이 택한 새로운 일과 역할에 커다란 보람을 느꼈다. 은퇴 후 제2의 인생에 진입하게 되면 49세의 찰스 핸디처럼 포트폴리오 인생의 시작점이라고 할 수 있다. 이제 새로운 게임의 규칙과 행동양식의 변화에 대한 재빠른 적응이 요구된다. 우선 직장이라는 울타리 안에 있던 커다란 보호막이 사라진다. 정해진 날짜에 월급도 통장에 안 들어오고, 일하던 자리도 없어지고 자신의 사회적 지위를 상징하는 명함도 없다. 이제 학위나 졸업장은 더 이상 쓸모가 없으며 그 대신 전문 분야에서 풍부한 감각과 창의력으로 무장된 전문지식만이 자신을 지켜 주는 견고한 성벽이 된다. 타의 추종을 불허하는 자신만의 브랜드를 구축하기 위해서는 철저히 차별화되어야 한다.

새로운 경영환경에 적응하는 데 강력한 힘은 자신에 대한 신념에서 나온다. 나는 누구이며 나의 진정한 가치는 무엇인지 끊임없이 반문하고 새로운 정체성을 확립해야 한다. 이러한 자신에 대한 확고부동한 신념으로 스스로를 자극하고 자신에게 동기부여를 하고 꾸준히 실천에 옮겨야 한다. 노동 외에도 자원봉사, 집안일, 취미활동, 무언가 배우는 것, 책을 쓰는 것, 유튜브 동영상, 강의 등 다양한 종류가 일에 포함될 수 있다. 이는 새로운 정체성을 창조하기 위한 보다 광범위한 뼈대를 제공한다. 일의 목표를 자신의 가치, 재능, 흥미라는 관점 그리고 보다 독립적인 사람이 되는 것으로 재정의할 필요가 있다. 찰스 핸디가 언급한 포트폴리오 생활자는 은퇴 후 제2의

인생을 준비하고자 하는 자에게 좋은 벤치 마크가 될 것이다.[28]

2) 세상과 더불어 행동하며 실천하는 삶

퇴직하고 몇 년 뒤 사망하던 과거와는 달리 은퇴를 하고도 40년 내지 50년 이상을 더 살게 된 환경은 일자리 개념의 근본적인 개념을 요구한다. 지금은 없는 새로운 일자리를 스스로 개척해야 함을 느끼게 한다. 인생의 주요 3단계를 교육단계, 직업활동단계, 퇴직 후 단계로 나눈다. 지금 60세인 사람이 90세 이상 살 가능성은 50% 이상이라고 한다. 50세 이후 퇴직을 가정하면 40년 이상을 삶을 영위하게 된다. 이미 우리 주위에는 퇴직자로서 오랫동안 힘겹게 삶을 영위하고 있는 사람들이 넘친다. 남의 일이 아니다. 그러나 일에 대해 긍정적인 면도 있다. 중장년 이상을 상대로 한 시장은 점점 커져 가고 있어 시장의 수요가 늘어 가고 있다. 특히 기대급여가 높지 않고 일할 의지가 있고 젊은 상사를 모실 각오가 되어 있으며 새로운 일을 배울 자세가 되어 있으면 가능하리라고 본다. 스스로 자기 일을 열심히 찾고 새로 나타나는 일자리에 적응하는 일을 계속할 의지가 중요하다. 강석규 호서대 설립자가 95세 때 쓴 편지 한 대목을 소개하고자 한다.

"'65세에 퇴직 후 이제 다 살았다. 남은 인생은 그냥 덤이다'라는 생각으로 그저 고통 없이 죽기만을 기다렸습니다. 덧없고 희망이 없는 삶… 그런 삶을 무려 30년이나 살았습니다." 그는 이후 2015년 103세로 작고하기 전까지 외국어 공부에 도전했다. 주된 직장을 다

닐 때 못 해 본 전혀 새로운 직업이든, 돈 버느라 꿈만 꿔 온 창작 작업이든, 꼭 해 보려고 남겨 둔 해외 봉사활동이든, 60세 이후의 일자리는 스스로 개척하겠다는 각오가 필요하다. 경제위기도 불황도 각 경제주체가 일과 돈벌이를 찾으면 헤쳐 나갈 수 있다. 자신이 하는 일을 즐기고 세상과 더불어 행동하며 살아가는 실천하는 삶이 중요하다.[29)]

제1의 인생은 단체라는 구속의 생활로 새로운 인간관계 형성에 큰 제약이 있다. 제2의 인생에서 하루의 생활의 특징은 나의 자유롭고 선택된 삶이 보장된다. 기존 모임을 성실히 발전시킴은 물론 가능하면 앞으로 더 좋은 사람과 새로운 만남과 모임(On and Off-line Meeting)을 찾아 새로운 휴먼네트워크를 만들어 폭넓은 세상과 접촉하는 출발점을 삼고 필요한 정보를 얻어 취미와 봉사활동 등 제2의 직업, 즉 새로운 일(業)을 개척하는 계기로 삼는다.

2-1. 자원봉사활동에의 참여

제2의 인생을 시작하는 노인들은 일과 봉사와 취미를 구분하여 생활할 필요가 있다. 일반적으로 일은 일정한 보상(돈)을 받고 노동을 제공하는 것으로 미국 등 선진국에서의 자원봉사에 해당하는 자발적 비영리 단체(NGO)활동에서도 적은 금액이지만 일정한 급여를 받고 일한다고 한다. 봉사는 남을 위해 보상 없이 하는 활동이며 취미는 오직 자기만을 위해 하는 활동으로 그림, 음악 등 배우기가 이에 해당한다. 제1의 인생에서는 직장에서의 일을 할 수 있지만 제2의 인생에서 일자리를 구하는 것은 쉽지 않다. 선진국에서는 비영리

조직 비정부단체(NGO: Non-Government Organization)활동에 노인들이 참여함으로써 일을 하고 있다. 미국과 일본의 NGO참가활동은 노인의 주된 일의 대상이 된다. 앞으로 정부가 적극 지원하여 노후에 봉사하면서 일할 수 있는 기회가 확대되기를 기대하면서 미국과 일본의 사례를 소개한다.

① 미국의 민간 비영리조직(NPO: Non-Profit Organization)

미국은 NPO을 통해 인생 후반기에 자원봉사를 하면서 보람 있는 생활을 보낸다. NPO에는 비영리의 의미뿐만 아니라 비정부조직(NGO)도 포함된다. 미국에서는 NPO가 200만 개 이상 된다고 한다. 그중 절반은 의료·복지와 관련된 일을 하고 30% 정도는 각종 교육활동, 나머지 20%는 기타 다양한 활동을 한다. NPO는 대부분 개인이나 기업으로부터 받는 기부금과 NPO 서비스 수혜자들로부터 교통비, 중식대 등의 명목으로 약간의 수당이 지급된다. 대부분의 자원봉사자들은 현역 시절에 저축해 둔 연금과 저축으로 기본적인 생활을 하는 데 걱정이 없는 사람들이기 때문에 보람 있는 일을 하면서 약간의 용돈을 번다는 생각으로 봉사활동에 참가한다. 미국에서는 NPO에서 일하는 사람들도 취업 인구에 포함된다고 한다. 미국 전체 취업 인구의 10% 가까이가 NPO에서 일을 하고 있다.

② 일본의 민간 비영리조직(NPO: Non-Profit Organization)

일본에서는 1998년에 특별 비영리활동촉진법(Non-Profit Organization법)을 제정하여 시행하였다. NPO법은 민법의 특별법으로 의료, 복지, 교육, 환경, 재난 구호 등 17개 분야에서 비영리 활동을 하고자 할 경우 간단한 수속을 거쳐 특정 비영리 활동 법인의 자격을 취득할 수 있도록 한 법이다. 활동 분야를 보면 보건·의료·복지 관련이 36%, 환경 보전 11%, 문화·예술 11%, 지역발전이 10%를 차지한다. 1995년에 고베 지역에서 발생한 대지진의 재해복구 작업에 NPO자원봉사 단체들이 눈부신 활동을 하였다.

③ 한국 노인의 자원봉사활동

요즘 우리 사회에서도 병원 같은 의료복지시설에서 자원봉사자의 참여가 눈에 띄게 늘어가고 있다. 병원에 가면 자원봉사자분들이 환자들의 입·퇴원 같은 쉬운 일을 돕는다. 공원과 공공주차장 같은 공공시설관리에도 나이가 지긋한 자원봉사자들이 눈에 띈다. 이들 덕분에 공공요금이 저렴할 수 있다고 들었다. 이들이 하고 싶은 봉사활동을 통해 여생을 보람있게 보내고 젊은이들로부터 존경을 받는다. 하지만 아직도 공원이나 집에서 무료하게 하루를 보내는 노인이 적지 않은 것이 현실이다. 젊은이에게 일자리가 절실하듯이 어르신들에게도 그들의 적성에 맞는 자원봉사 기회가 적극적으로 마련해 줘야 한다. 지난해 우리나라 65세 이상 노인이 전체 인구의 14%를 넘어 고령사회에 진입했다. 앞으로 26년 뒤에는 고령 인구가 전체의 20%가 넘는 초고령사회로 진입한다고 한다. 인구절벽과 맞물려 다가올 초고령사회에서 노인들의 자원봉사활동이야말로 새로운 일자리 창출의 돌파구가 되어야 한다.

3) 내일의 일을 준비하고 개척하는 삶

사람은 두 가지 부류로 나눌 수 있다. 오늘을 살면서 미래를 준비하고 개척하는 사람과 미래를 걱정만 하는 사람이다. 미래를 준비하고 개척하는 것과 미래를 걱정하는 것은 완연히 다르다. 걱정은 막연하게 노력함 없이 생각하고 있는 데 반하여 준비와 개척은 실천력 있고 에너지 있는 마음가짐으로 하나씩 목표를 향해 나아가는 프로세스의 일환으로 목표달성과 목적 있는 삶을 영위하기 위해서는 반드시 필요하다. 걱정은 무엇을 어떻게 해야 할 것인지가 불분명하고 언제 무엇을 해야 하는 시간관념이 희박하며 해당 일을 걱정하는 것이 실제 그 일에 대해 진척이 있는 것으로 착각하게 된다. 영어공부에 대한 걱정이 곧 영어실력이 늘고 있다고 착각하는 것과 같다. 그러나 준비와 개척은 언제까지 무엇을 해야겠다는 시간제한이 존재하는 실천과 관련이 있다. 걱정은 불안, 메마름, 미움과 같은 부정적인 면이 내재돼 있어 조그마한 조약돌조차 움직일 수 없다고 한다. 반면, 준비와 개척은 긍정적인 결과에 대한 감사와 감격, 기쁨과 감동을 연상하여 올바른 삶의 단초가 된다. 준비와 개척은 결실과 연결된 새로운 투자이고 목적이 있고 갈구하며 많은 노력이 필요하다. 우리는 한 치 앞을 내다볼 수 없는 불확실성의 시대에 살면서 어떻게 하면 은퇴 후 풍요로운 노후생활을 잘 보내야 할 것인가에 대해 생각하며 100세 장수시대에 어떻게 새로운 삶을 개척하여 행복한 여생을 보낼 것인가가 최근의 관심의 화두가 되고 있다. 이는 노년의 인생목표의 최우선 과제라고 생각한다.

인생을 사는 데에 있어서 세 가지 시나리오를 가정할 수 있다. 첫째는 현재보다 잘나가는 경우(Best Case Scenario)로 직장에서의 승진 등 보다 발전되는 삶이 진행되는 경우이다. 둘째는 현재와 같은 수준의 경우(Flat Case Scenario)로 과거 정부기관의 공무원, 교사 등 현 직장에서 안정된 생활을 영위하는 경우이다. 셋째는 현재보다 못한 최악의 경우(Worst Case Scenario)로 잘 다니던 직장에서 구조조정, 명예퇴직 등의 사유로 강제 퇴직하는 경우로 전직 및 창업 등 새로운 대책이 요구된다. 장수리스크관리의 필요성은 바로 최악의 경우에 대비하기 위한 것이다. 리스크라는 단어는 "뱃심 좋게 도전하다(dare)"라는 의미로 초기 이탈리아에서 유래되었다. 이런 의미에서 본다면 리스크는 운명이 아니라 선택인 셈이다. 선택은 도전하고 개척하는 인생관을 가진 자들만이 고민하는 영역이다. 개인의 자유의지에 따라 얼마든지 바뀔 수 있다. 피하고 숨는 것이 아니라 기회를 포착하고 도전하는 것이 바로 진정한 리스크로서 불확실성하에서 리스크를 추구하여 새로운 제2의 인생 "나 나름대로의 삶"을 시작하는 사람이다. 여러분이 퇴직 전에 무언가를 정해 준비했다면 퇴직 후 10분의 1의 힘과 노력의 분량으로 가능하며 효율성 면에서 장수리스크관리가 훨씬 수월했을 것이다. 나의 미래는 착실한 준비와 더불어 스스로 개척하여 새로운 나의 세계를 만들어 가는 꿈의 여정이며 마음설레는 것으로 미래는 나 스스로 만들어 가야겠다고 다짐한다.[30]

4) 노력 없이 성공한 사람은 언젠가는 망한다

나의 지인 중 한 분이 인생의 3대 불운은 첫째, 젊어서 실패 없이 일찍 출세하는 것이고, 둘째, 중년에 상처하는 것, 셋째, 노년에 무전장수하는 것이라고 말한다. 일전에 박찬법 전 금호아시아나 회장님과 조찬모임을 우연히 같이 할 기회가 있었는데 "젊어서 출세하면 독이야 독"이라고 하신 말씀이 기억난다. 그래서 성공의 공식은 "실패, 실패, 유지, 성공, 포기, 성장, 실패, 실패, 성공"이라고 말하고 싶다. 일본 혼다 자동차회사 혼다 소이치로 회장은 "성공은 실패라고 불리는 99퍼센트에서 나온 1퍼센트"라고 말씀하신 것에 공감이 간다. 우리 인생에서 바람직한 고난은 우리를 강하고 훌륭한 사람을 만드는 데 필수 불가결한 요소이다. 고독하고 힘든 일을 혼자서 해야 성공할 확률이 높다. 그래서 인간은 사랑과 투자라는 양 바퀴에 고난이라는 수레를 타고 꿈을 이루기를 원한다. 송나라 때 학자 정이는 다음과 같이 인생의 3가지 불행(人生三不幸)에 대해서 말한다.

첫 번째 불행은 소년등과(少年登科)이다. 어린 시절 너무 빨리 과거에 급제하는 것이 인생에 불행이 될 수 있다는 뜻이다. 젊을 때 출세하는 것으로 인생의 조기 성공은 노년의 실패로 대개 끝난다. 피와 땀에 의한 시련과 고통 없이 성공했기 때문이다. 그래서 젊어서 몇 번의 실패를 거쳐 와신상담(臥薪嘗膽)하며 실패와 성공을 번복한 끝에 성공해야 오래가고 쉽게 망하지 않는다. 노력 없이 운 좋게 성공한 사람은 언젠가는 반드시 망한다.

두 번째 불행은 석부형제지세(席父兄弟之勢)이다. 권세 좋은 부모를 만나는 것이다. 위세가 대단한 부모 형제를 만나서 그 권세를 끼고 사는 경우 오히려 인생이 불행해질 수 있다는 뜻이다. 좋은 부모를 만나면 어려움을 부모가 해결해 주므로 부족함(결핍)을 모른다. 이것이 인생의 큰 문제를 야기한다. 결핍은 욕망을 낳는다. 특히 어린 시절 겪는 결핍은 삶의 원동력이 된다. 결핍은 때로는 우리에게 강한 성취동기를 부여하고 무언가를 열심히 할 의욕을 심어 주고 내 삶의 에너지가 되어 우리를 성장시킨다.

세 번째 불행은 유고재능문장(有高才能文章)이다. 뛰어난 재주와 문장력을 가진 것이 인생의 불행이 될 수 있다는 뜻이다. 탁월한 재능이 있으면 자기의 두뇌를 믿고 노력을 게을리하기 쉽다. 자기의 재능을 믿고 오만해지기가 쉽고 결과적으로 노력을 게을리하게 된다. 재능을 가진 자보다는 노력하는 자가 대개 성공한다. 노력은 성실한 태도를 수반하기에 지속적인 노력은 없던 재능도 생기게 된다. 재능과 노력을 겸비하면 금상첨화(錦上添花)인데 일반적으로 인간에게 둘 다 주어지지 않는다. 결론은 노력할 수 있는 능력이 성공할 수 있는 인간의 중요한 요소이며 노력하는 자가 성공하고 세상을 지배한다고 생각한다.[31]

5) 일을 통해 성장하는 삶과 좋은 습관

나의 인생에서 일을 하면서 가장 귀중한 말로 "성장"을 삼고 싶다. 성공이란 목표한 것을 이루는 것이고 성장은 자라서 점점 커진다는 의미다. 성공은 권력, 지위, 돈과 같은 외형적인 목표를 대상으로 하는 반면 성장은 의미, 품격, 비전, 꿈 등 내면적 가치를 궁극적인 목표로 한다. 사람은 성장하는 동안은 늙지 않는다고 한다. 이는 계속 일을 하는 삶을 살아가고 있다고 말할 수 있다. 제2의 인생에 접어든 나로서는 나이가 많아 쇠퇴하는 사람 "老人"이 아니라 매사에 노력하는 사람 "努人"이 되고 싶다. 노력하는 사람은 정신적으로 육체적으로 일을 통해 성장이 가능하다고 한다. 성장이 멈춘 나무를 죽은 나무라고 표현한다. 따라서 인간 성장의 멈춤은 곧 죽음을 의미한다. 사람은 살아 있는 한 성장해야만 하고 일을 하게 되면 이에 따른 고통이 수반되며 이를 성장통(成長通, Growing pains)이라고 한다. 따라서 올바른 삶을 살기 위해서는 인간은 죽는 날까지 일을 통한 성장통을 겪어야 한다. 삶을 살아가는 데 일을 통해 성장하기 위해서는 가만히 앉아 있는 "靜"보다는 무언가 움직이는 "動"에 가까워져야 한다. "動者利進爲요 靜者樂止居"라고 하여 정자(靜者)는 아무 일도 하지 않고 가만히 앉아서 즐기며 일정한 곳에 자리를 잡고 머물러 있는 데 반해 동자(動者)는 일을 통해 부지런하게 움직여 경제적으로 이득을 취하여 풍요로운 생활을 영위할 수 있다. 우리는 자기의 인생을 노후에도 여전히 죽을 때까지 행복한 삶을 영위하기를 원한다. 그러나 여전히 불행한 삶을 살고 고통 속에서 보내는 이들이 있을 수 있다. 결코 행복한 삶이란 노력과 헌신 없이 얻을 수 없기에 현인들로부터 그 지혜의 말씀을 듣고 인생을 살면서 소중하다고 생각되는 이야기들을 모임을 통해 실천하고 나누면서 살기를 원한다.

좋은 습관은 노후의 삶을 윤택하고 보람되고 의미 있는 삶으로 이끈다. 습관은 인간에게 운명이다. 인간의 운명을 결정하는 것은 그 사람의 습관이다. 습관은 내가 자주 하는 생각, 말 그리고 행동이 만들어 낸 나의 개성이다. 습관이 쌓이면 내가 활동하는 영역, 즉 환경이 되고 그 환경이 굳어지면 운명이 된다. 행운이란 뜻은 최선을 의미하고 불운(불행)이란 자신에게 몰려오는 일상의 일들을 아무렇게나 대하는 태도이다. 미국의 작가 헬렌 니어링(Helen Nearing)은 그의 저서 『아름다운 삶, 사랑 그리고 마무리』에서 이 세상에서 정말 가치 있는 것을 얻게 해 주고 사람의 상상력으로는 보태거나 더 낫게 할 수 없는 세 가지 습관이 있다고 한다. 그것은 첫째, 일하는 습관, 둘째, 건강을 관리하는 습관, 셋째, 공부하는 습관으로 당신이 만약 남자이고 이러한 습관을 가진 여자의 사랑을 가지고 있다면 당신은 지금 여기에서 천국에 있을 것이며 여자 쪽에서도 그것은 마찬가지라고 했다. 주인공 스코트는 자주 로버트 스티븐슨(R. L. Stevenson)의 다음 말을 인용하곤 했다. "희망을 가지고 여행하는 것이 목적지에 도착하는 것보다 나으며, 가장 위대한 성공은 일하는 것이다"라고 했다. 19세기 미국의 작가인 엘버트 허버드(E. Hubbard)는 이렇게 썼다. "건강, 책, 일 그리고 여기에 사랑이 더해진다면 운명이 주는 모든 괴로운 고통과 아픔도 견딜 만해진다."[32]

일은 인생 전체를 통해 늘 기대를 갖고 여행하는 최선의 방법이고 공부를 통해 무언가를 배우면 새로운 에너지가 생기고 그 새로운 것이 나의 인생을 보충해 줄 것이다. 건강과 공부는 꾸준히 조금씩 즉시 시작하기를 권한다. 반복이 실력이기 때문이다.

6) 진정한 변화된 삶

리더십·동기부여전문가인 로빈 샤르마는 『변화의 시작 5AM 클럽』에서 더 나은 삶을 살 수 있는 방법으로 이른 아침기상을 꼽는다. 오전 5시 기상, 이 한 가지에서 모든 행동의 변화가 시작된다. 하루를 시작하는 방식이 인간의 집중력과 에너지, 즐거움, 탁월함을 결정한다"라고 말한다. 또한 올해 84세인 정신건강의학과 전문의 이시형 박사는 보통 오후 10시 30분에 잠이 들어 새벽 5시가 되기 전에 일어나는 규칙적인 생활을 한다. 이는 80대인 그가 활발한 저작 및 사회활동을 하는 건강비결인 셈이다.

변화는 그냥 오는 것이 아니다. 의식적으로 깨어 있는 사람에게만 온다. 새벽은 새벽에 눈을 뜬 사람만이 볼 수 있다. 새벽이 와도 눈을 뜨지 않으면 여전히 깜깜한 밤이다. 나는 새벽에 일찍 일어나기 위해 일찍 잠자리에 든다. 새벽에 일어나면 처가 잠을 깰까 봐 어둠 속에서 옷을 입는다. 처음에는 혼자 걷다가 처를 설득하여 지금은 같이 새벽 산책하는 것이 습관이 되어 잘했다는 생각이 든다. 나는 오늘도 처와 양재천을 걷는다. 혼잣말로 내 다리를 보고 "너는 주인을 잘 만나 오늘도 맑은 공기를 마시며 걷고 있구나"라고 자화자찬한다. 일찍 일어나는 새가 벌레를 잡는다(Early bird gets the worms). 새벽의 나의 발걸음은 나에게 희망과 의욕과 자부심을 주며 나아가 현재의 삶에서 무언가 새롭게 하려는 변화의 움직임을 모색하며 이는 삶의 원동력이 된다. 그래서 새벽에 일어나는 습관은 노년에도 계속 유지하여 내가 가 보지 못한 새로운 변화의 길을 선택하고 싶다. 새벽이 좋은 이유는 과거가 아무리 찬란해도 우리에게는 현재와 미래만이 있기에 내일의 아름답고 재미있는 삶이 내게 있을 것이라는 기대감과 설렘 속에 살고 싶기 때문이다. 변화를 하기 위해서는 그간의 낡은 습관, 즉 익숙한 것과의 결별이 있어야 하고 진정한 변화는 점진적 혁신(Continuous Innovation)이 아닌 와해성 혁신(Disruptive Innovation)이 되어야 한다. 즉 진정한 변화된 삶은 점진적인 개선으로 나아가는 것이라기보다 전혀 다른 차별화된 삶의 시작이다. 어떤 변화든 선택에서부터 시작하고 고통이 반드시 수반된다. 자신이 원하는 인생에 한 걸음씩 가까워지기 위해 아름답고 위대한 선택의 힘, 이것은 정말로 귀중한 일이다. 그래서 진정한 변화의 삶은 노년의 삶에서는 받아들이기가 쉽지 않다. 변화된 새롭고 설레는 삶은 환골탈태의 마음가짐, 선택과 헌신 그리고 헌신을 지키려는 노력과 실천 없이는 저절로 찾아오지 않는다. 제2의 인생에 나는 이런 꿈을 갖고, 이런 사람이 되겠노라 결심하고 내가 미리 계획한 제2의 인생을 스스로 만들어 새로운 노년의 변화된 삶은 나에게 과연 가능할까? 만약 변화하지 않는다면 나는 자유롭게 즐기며 사는 것이 아니라 그냥 익숙하고 안정감을 주는 것들로 둘러싸인 채 별다른 변화와 도전과 성장 없이 시간을 보내고 살다 가게 될지도 모르는 후회스러운 삶이 될까 두려움이 앞선다.

7) 좋은 자세와 태도는 능력이 부여된 삶이 된다

사람이 운동하는 자세를 보면 그 사람의 운동 실력 수준을 판단할 수 있다. 마라톤선수의 뛰는 모습은 발이 뒤꿈치가 먼저 지면에 닿고 발 지면의 중간지점을 지나 앞발가락으로 지면을 내밀어야 하며 시선은 전방 10도 위를 보며 호흡은 복식호흡을 하며 몸에 힘을 빼는 모습으로 사뿐히 뛰어간다. 맨손체조, 골프, 테니스 탁구, 당구 등 모든 운동에는 가장 좋은 자세를 취할 수 있을 때 가장 효율이 높은 상태의 성과(Performance)를 거둘 수 있게 되어 챔피언의 자리에 등극할 수가 있다. 좋은 자세를 유지할 수 있으면 좋은 성적은 거둠은 물론 운동으로부터의 각종 사고를 미연에 방지할 수 있는 장점이 있기에 체계적으로 잘 배우고 익혀야 한다. 특히 체육 등 예능 분야는 이론적으로 알고 이해함을 통해 행하여 몸에 익숙해지는(Familiarize) 즉 체득(體得)의 단계가 중요하다. 지속 가능한 훈련을 통해 체력의 각 부분의 뼈와 근력을 강화할 수 있고 이것이 실질적인 건강에 도움이 된다.

이와 마찬가지로 인생에서도 좋은 삶의 태도가 중요함을 언급하고 싶다. 좋은 태도는 능력을 부여한다. 태도는 사전적으로 개인이 처한 환경에서 상대방에 대한 개인의 인지적, 정서적, 행동적 지향성을 말한다. 개념적인 인재가 여기에 해당하며 태도는 개인적인 후천적 노력에 따라 어느 정도 개발될 수 있는 특징이다. 내가 오랫동안 은행에 근무하면서 느낀 점은 똑똑한 사람이 출세하는 것이 아니라 태도가 좋은 사람이 출세하는 것을 알 수 있었다. 태도와 능력은 겉으로 보기에는 서로 별개로 보인다. 그러나 긍정과 만족은 좋은 태도와 연결되어 능력을 증가시키는 반면 불만과 부정적인 마음은 나쁜 태도와 연결되어 능력을 저하하므로 일을 대하는 태도가 좋으면 능력이 향상함을 알 수 있다. 태도는 마음가짐으로 표현해도 좋을 듯하다. 태도와 마음가짐은 직원의 자질 중 가장 중요한 요소로 생각된다. 매사에 긍정적인 사고와 밝은 태도로 그리고 하고자 하는 열정이 더해지면 능력은 부가적으로 생긴다. 일을 하는 회사에서는 단순히 능력만 있는 사람보다 꾸준히 고민하고 노력하는 태도를 지닌 사람이 훨씬 더 소중하다. 따라서 동료가 부탁을 하거나 직장 상사가 어떤 일을 지시했을 때 무조건 즐거운 마음으로 승낙하는 것이 자기발전에 얼마나 중요한가를 깨닫게 된다.

3. 인간의 성숙단계

1) 인간이란 무엇인가

데카르트는 인간의 모든 인식의 출발점은 의식할 수 있는 자아의 명확한 존재에 있다고 말했다. "나는 생각한다, 고로 존재한다" 이후 철학의 세계에서 그의 유명한 말이 큰 영향을 주어 왔다. 즉 철학의 세계에서는 처음부터 의식할 수 있는 자아의 존재이며 철학적인 테마로 취급되어 왔다. 칸트(Kant, 1724~1804)는 순수이성비판과 같은 비판철학을 통해 서양 근대철학을 종합한 철학자로 철학의 모든 질문은 최종적으로 "인간이란 무엇인가에 귀착한다"고 했다. 모든 종교와 학문은 인간이란 무엇인가를 찾는 데 있다. 그러나 아직 그 답은 나오지 않았다. 자연과학이든 사회과학이든 철학이든 문학이든 그 질문은 결국 "인간이란 무엇인가"라는 영원불변의 명제라고 말한다.

2) 인간의 존재이유와 존엄성

인간의 존엄성은 인간이라는 이유만으로 사람은 그 존재 가치가 있으며 그 인격은 존중받아야 한다는 이념을 말한다. 인간의 존엄성은 인간이 출생으로부터 권리를 갖고 태어난다는 천부인권사상의 표현으로 인간이라는 이유만으로도 존엄한 가치를 보장받고 존중받아야 한다는 원칙을 말한다. 여기서 인간이란 사회 속에서 존재하는 인간상을 전제로 한다. 인간의 존재 이유와 존엄성은 내 자신이 특별하고 가치 있고 유일한 존재라는 것이다. 내 자신이 가장 좋아하고 재미있는 일은 과연 무엇일까? 자기가 하고자 하는 일에 대한 소신과 긍지를 갖는 것이 제2의 인생에서 가장 중요한 과제라 생각된다. 내가 찾은 그 일이 그간의 동료 그리고 다른 새로운 사람들과의 관계 맺기로 확장하는 노년이라면 더욱 좋겠다. 성공은 하나님의 뜻과 비전을 이루는 것으로 허무한 인생보다는 "사명 있는 인생"으로 살기를 원한다.

영국의 청교도(puritan)인들은 도덕으로나 신앙준수에서 엄한 제도를 주장하였다. 청교도의 기본정신은 소명(call)에 의한 경건한 신앙생활과 근검 절약(thrift)정신, 그리고 금욕주의의 절제(abstinence)의 생활로 요약할 수 있다. 영화 <주홍글씨>는 청교도들의 보스턴 정착과정에서 청년목사 딤즈데일과 기혼녀 헤스터의 사랑을 그린 영화로 헤스터의 가슴에는 주홍글씨 절제(Abstinence)의 "A"가 가슴에 새겨진 옷을 입고 다니는 장면을 볼 수 있다. 청교도인은 영국 국교회(성공회)의 종교탄압을 피해 102명의 청교도인들이 구속 없는 신앙의 자유(Freedom)를 위해 1620년 핍박의 땅 영국을 떠나 메이플라워호를 타고 미국의 보스턴에 이주한다. 이들은 신앙을 갈구하고 청교도의 높은 이상을 실현하기 위해 교회와 학교를 설립했다. 후일 청교도의 사상은 미국인의 정신적 지주가 되었고 헌법정신에 큰 영향을 끼치게 되었다.

3) 인간 생명의 유지 조건

지금 우리는 각각 다른 자아가 형성되어 있기 때문에 생명을 유지하고 존재가 가능하다. 아기로 때어났을 당시에는 자아가 형성되어 있지 않다. 사람이 출생하여 자아가 형성되는 것이 얼마나 중요한지를 오랫동안 원아시아 재단 사토 요우지(佐藤洋治) 이사장은 아시아 32개국 325대학에서 650명의 학자들이 모인 "One Asia Convention Seoul 2019"을 올해 주최하셨다. 올해로 아홉 번째의 아시아공동체 모임을 통해 참여자들은 국가와 민족 그리고 종교의 차별 없이 함께 더불어 사는 아시아공동체를 논의하고 공감하기를 원했다. '인류의 미래에 희망을 찾아내기 위해 인간은 누구인가?' 이 물음의 대답에 도달하기 위해 인간의 근본적인 명제인 '자아(자기)란 무엇인가?'에 대하여 강의하고 있어 그 내용의 일부를 소개하려고 한다. 태아가 출생하면 인체(육체)로서 자아가 형성되기 전까지는 생명체가 유지되기가 어렵다. 출생된 영아에게 자주 명명(命名: 이름을 불러 줌)해 줌으로써 그 기운이 태아의 뇌에 인지되어 자아가 형성되어야만 각 개인의 생명을 보존할 수 있다. 자아가 형성된 이후 인간의 발달과정을 거쳐 성인으로 성장할 수 있게 된다. 모든 생물 3,000만 종 중에 유일하게 호모사피엔스만이 명명, 즉 각 개인의 이름이 불리면서 자아가 형성된다고 한다.

자아(자기)가 형성되지 않아 생명체가 유지되지 못한 대표적인 사례 1.

서기 1200년경 독일과 시칠리아의 국왕을 겸했던 신성로마황제 프리드리히 2세(1194~1250)는 앞으로 몇 개월 이내에 출산 예정인 아내를 둔 신하에게 "아이가 태어나면 일체 이름을 부르거나 말을 걸지 말라"고 명령하였다. 그리고 "아이가 처음으로 한 말을 전부 메모해 오라"고 말했다. 국왕은 "아이는 원래 하늘이 주는 것이기 때문에 아기가 처음 한 말이 하늘의 언어임에 틀림없다"고 생각하고 이런 명령을 내린 것이다. 그런데 명령을 받은 신하들의 아이들은 모두 15~16

세에 죽고 말았다. 그 아이들은 말도 못하고 글도 전혀 모르고 의사소통이 불가능한 소위 백치 상태에서 죽음을 맞이하게 된 것이다.

1920년 10월 17일 인도 캘커타 근처에서 싱 목사에 의해 늑대소녀가 발견된 이야기이다. 목사는 숲에서 늑대를 만났다. 그 늑대 옆에는 5~6세로 보이는 소녀와 1~2세로 보이는 소녀가 있었다. 싱 목사는 집에 데리고 와서 부부와 함께 정성스럽게 키웠다. 1~2살의 아말라라고 이름을 지은 소녀는 1년 후에 죽었다. 5~6살의 카말라라고 이름을 지은 소녀는 9년간 부부가 키운 육아일기를 남겼다. 9년 동안 카말라에게 말과 글을 가르쳤지만 9년이 지난 15~16살에 죽기 전까지 말도 하지 못하고 글도 읽지 못했다. 그리고 마지막까지 늑대의 습성을 가지고 있었다고 한다.

자아(자기)가 형성되지 않아 생명체가 유지되지 못한 사례를 통하여 사람의 몸과 자아는 별개로서 갓 태어난 아기에게 자아가 형성되지 못하면 성인으로 성장하지 못하고 사망하게 된다는 것을 역사적 사실을 통해 알게 되었다.

상기 두 예는 자기(자아)가 형성되지 않는 대표적인 사례로 사람은 갓 태어난 아기에게는 자기(자아)의 존재가 없고 성장하는 과정에서 명명을 통해 자아가 형성된다는 것이다. 즉 "인체(사람의 몸)와 자아는 별개의 것이다"는 의미로 자기 형성(몸의 DNA)이 동물과 구별된 인간만의 고유한 특징인 것이다. 자아가 성장하기 위해서는 말, 문자, 숫자, 명명의 4가지의 영양원을 통해 자아는 형성되고 성장해 나간다. 세계 인구 76억 명이 모두 하나하나 제각각인 자아가 있는 상태이다. 각각의 자아는 각 개인의 유일성과 존엄성을 나타내기에 인간의 존재 이유를 나타낸다. 자아는 인체 및 뇌를 육성하여 최후에 인간 실체의 활동과의 융합을 통해 "인간"을 완성해 나가야 하는 책임을 지게 된다. 데카르트(Descartes)는 모든 인식의 출발점 은 의식할 수 있는 자아의 명확한 존재에 있다고 말하였다. 그 이후 400년간 철학의 세계에서 그의 유명한 말 "나는 생각한다, 고로 존 재한다(I think, therefore I am)"는 큰 영향을 주었다. 그것으로 인해 철학의 세계에서는 처음부터 의식할 수 있는 자아는 존재하며 철학 적인 모든 테마는 그 이후의 문제로 취급되어 왔다.[33]

4) 성인의 성숙과정

인간의 성숙은 시간이 흐르면서 점진적으로 이루어지는 발달을 뜻한다. 성숙은 사랑과 일에 대한 능력을 발전시키는 것이라고 말한 다. 진정한 성인이 되기 위해서는 나는 누구인가의 정체성 질문에 대해 자아와 자기의 구분을 통해 설명한다. 그리고 하버드 대학교 성인발달연구보고서에서 성인이 이루어야 할 발달 과업을 사회적 성숙과 정서적 성숙으로 구분하여 설명한다.

4-1. 자아와 자기의 구분

인간이 태어나서 어린아이로 생존하기 위해서는 인체로부터 자아 가 형성되어야 함은 인간만이 동물과 구별되는 특징으로 역사적 사 실을 통해 설명하였다. 이제 다음 단계로 진정한 성인이 되기 위해 서는 나는 누구인가? 자신의 속 얼굴이 드러나 보일 때까지 물어야 한다. 그리고 자신의 중심을 들여다봐야 한다고 법정 스님은 말씀하

섰다. 그가 세상 사람에게 던진 메시지는 나는 누구인가의 질문을 간절하고 끊임없이 던지며 살아가야 한다고 가르치신다. 이에 대해 스위스의 분석심리학자인 카를 융(Carl Jung)은 인간의 정신구조를 자아와 자기의 개념을 구분하여 설명하였다. 그에 의하면 자아는 의식의 중심이다. 여기서 의식이란 내가 알고 있는 마음을 의미한다. 어떤 심적 내용이든 자아와 연결되어야 의식할 수 있다. 생각하고 계획하고 일상생활을 영위해 가는 지적인 활동이 자아의 영역이다. 예를 들어 바둑의 여러 묘수와 전략을 통해 상대방을 이기고 즐기려는 행위가 이에 해당한다. 반면에 자기란 의식과 무의식을 모두 포함하는 정신현상 전체를 말한다. 즉, 자기란 의식과 무의식을 포함하는 정신현상 전체이고 자아란 의식만 존재하는 부분이다. 융에 따르면 자기는 다른 정신체계가 충분히 발달할 때까지 나타나지 않으며 일생에 걸쳐 분화와 통합을 통해 발달하는 과정을 거치게 되는데 이를 개성화라고 표현했다. 무의식은 정신활동의 무한한 가능성을 가지고 있는 잠재력을 일깨워서 자아로부터 전체 인격으로서 자기로 다가가는 자기실현을 이루는 데 큰 역할을 한다. 자아는 인간이 살아가는 현실 속에서 숨겨져 있는 능력을 찾아내어 자기의 뜻을 이루게 해 준다. 노년에 들어서서 우선 "나는 누구인가"라는 치열하고 끊임없는 질문을 통해 각성을 추구해야 한다. 그래야 나의 중심에 서서 자아와 자기를 구분해 진정한 자신의 모습을 발견하고 전체 인격으로 자기에 다가가게 함으로써 끊임없이 자기실현을 해 나가야 한다.

사람은 성인이 되어서 어떻게 성숙해가는 것이 가장 바람직할까? 건강하고 행복한 삶의 원동력이 되는 인간이 갖추어야 할 자질은 무엇인가? 훌륭한 사람을 평가하는 객관적인 기준은 과연 무엇일까? 이와 같은 질문에 대해 『행복의 조건』의 저자 조지 베일런트(George Vaillant) 교수는 "하버드 대학교 성인발달연구보고서"에서 성인이 이루어야 할 여섯 가지 발달 과업을 다음과 같이 설정하여 연구대상자를 조사하고 평가하였다. 이는 삶의 단계에서 인간이 올바르게 성숙해가는 데 필요한 과업이 무엇인가를 설명해 주고 행복한 사람이 되기 위해서 갖추고 수행해야 할 덕목의 내용이기도 하다. 이 질문에 답하기 위해 두 가지 관점, 즉 사회적 성숙과 정서적 성숙이라는 관점에서 인생 후반을 살펴볼 것이다. 정신분석학자이며 인류학자인 에릭 에릭슨(Erik Erikson)의 이론에 입각하여 사회적 성숙을 설명하는 것이다. 그리고 정서적 성장에 관련해서는 지그문트 프로이트(Sigmund Freud)의 비자발적 대응기제(이른바 "방어기제")이론을 토대로 설명한다. 사회적 성숙을 설명하는 "성인이 이루어야 할 여섯 가지 발달 과업"은 다음과 같다.

① 정체성

정체성이란 부모로부터 독립된 자기만의 생각, 즉 자기만의 가치, 정치적 견해, 열정, 취향 등을 가지는 것이다. 청소년들은 성인기에 들어가기에 앞서 정체성을 확립해야 한다. 가족 중심의 가치에서 벗어나 자신만의 가치를 세우는 것으로 연구 대상자 중 50세까지도 정체성을 확립하지 못한 이들은 중년이 되어서도 일을 통해 성취감을 맛보지 못했고 친구관계를 지속적으로 유지할 수도 없었다.

② 친밀감

친밀감이란 다른 사람들과 함께 서로 의지하고 돕고 헌신하면서 만족스럽게 10년 또는 그 이상을 어울려 살아가는 데 필요한 것이다. 자기만의 세계에서 벗어나 다른 사람에게까지 관심을 확대해야 한다. 친밀감은 자전거 타기처럼 일단 한번 몸에 익히기만 하면 그 뒤로는 특별히 노력하지 않아도 계속해 나갈 수 있다. 친한 친구와 부부간의 관계를 통해 친밀감을 경험한다.

③ 직업의 안정성

이 과업을 이루려면 개인의 정체성을 확립하는 데서 더 나아가 일의 세계에서 사회적 정체성을 확립해야 한다. 일 또는 취미가 직업으로 변화되는 데에는 만족, 보상, 역량, 헌신이라는 네 가지 결정적 기준이 존재한다고 믿는다. 그 기준으로 본다면 아내와 엄마, 남편과 아빠의 역할도 직업이라고 볼 수 있다. 때로는 직업적 안정을 이루는 과정이 이기적인 것처럼 보이기도 한다. 그러나 그런 이기심조차 없는 사람이라면 자아마저 상실하고 말 것이다.

④ 생산성

생산성은 다음 세대를 헌신적으로 지도할 만한 능력을 갖추었을 때 성취되는 과정이다. 생산성은 처음 세 가지 성인 성장의 과업을 성취함으로써 완성된 자아를 과감히 내던질 수 있는 능력을 반영한다. 생산성은 자기보다 나이 어린 사람들을 보살피는 동시에 다른 사람의 자율성을 존중하면서 상호관계를 형성할 수 있는 능력을 기반으로 성취한다. 생산성은 공동체 형성을 의미하며 다른 사람에게 공감을 얻는 지도력도 이에 해당된다. 생산성 과업을 훌륭하게 성취해 낸 사람이 70대에 이르러 삶의 즐거움을 누리게 될 가능성이 훨씬 더 높은 것으로 나타났다.

⑤ 의미의 수호자

의미의 수호자는 자기 아이들의 성장보다는 인류집단의 성과물, 즉 인류의 문화와 제도를 보호·보존하는 데 초점을 둔다. 이 과업은 현명한 판사의 역할에서 전형적으로 나타난다. 생산성 과업을 성공적으로 성취한 로널드 레이건 대통령은 구소련을 악마의 제국이라며 적대시했지만 에이브러햄 링컨 대통령과 같은 훌륭한 지도자는 시민전쟁의 상처를 치유하고 용서를 구하기 위해 최선을 다했다. 이 두 사람의 사회적 성숙도에는 분명히 차이가 있다. 여성 원로나 족보연구가, 골동품 복원가들도 모두 의미의 수호자에 포함될 수 있다. 70대 노인이 손자들에게 특별한 믿음을 끌어낼 수 있고, 과거에 대한 의미 있는 가르침을 줄 수 있어 의미의 수호자 역할을 훨씬 더 훌륭하게 수행해 낸다는 사실이다. 의미의 수호자가 되려면 반드시 생산성의 과업을 먼저 성취해야 한다는 데에는 예외가 없었다.

⑥ 통합

통합은 세상의 이치와 영적 통찰에 도달하는 경험으로 이 과업은 인생의 위대한 과업들 중 맨 마지막에 성취된다. 이 세상에 나라는 존재는 오직 하나뿐이며 한 번 태어나 한 번 죽는 존재라는 사실을 겸허하게 있는 그대로 받아들이는 것이 바로 통합이다. 신체적·정신적 기능이 쇠퇴해 가더라도 지혜를 통해 꾸준히 통합을 경험하고 배우고 성취해 나갈 수 있다. 통합의 미덕은 지혜이며 지혜 덕분에 우리가 죽음 앞에서 생명에 대해 초연해질 수 있다.

앞의 내용을 요약 설명하면 첫째, 청소년기에는 부모로부터 독립된 존재로 설 수 있는 정체성을 확립해야 한다. 둘째, 자기중심주의를 극복하고 상호관계를 통해 동료들과 어울릴 수 있도록 친밀감을 발전시켜야 한다. 셋째, 성인은 사회는 물론 자신에게 가치 있는 일을 할 수 있도록 직업적 안정을 이루어야 한다. 넷째, 더 넓은 사회 영역을 통해 다음 세대를 배려하는 생산성 과업을 이루어야 한다. 다섯째, 다음 세대에게 과거의 전통을 물려주는 의미의 수호자가 되어 과거와 미래를 연결해 줄 수 있어야 한다. 여섯째, 통합이라는 과업을 완성함으로써 개인의 삶은 물론 온 세상의 평온함과 조화로움을 추구해야 한다. 성인의 발달은 지도자, 의사, 음악가 들의 이례적인 예를 보아도 고정된 법칙대로만 진행되는 것이 아니다. 그리고 남성과 여성 사이에도 많은 차이가 있게 마련이다. 그러나 수십 년 동안 관찰해 본 결과 성인발달은 나와 우리 이웃들이 어느 지점에 와 있는지 인식할 수 있도록 도와주는 지도이다. 노인에 이르면 수많은 상실을 몸소 겪을 것이며, 계속해서 스스로를 뛰어넘어 성장하

지 못한다면 결국 그 상실감에 압도당하고 말 것이다.[34)]

하버드 대학교 인생관찰보고서는 1937년에 시작돼 하버드 입학생들의 72년 인생을 추적했다. 연구는 우울한 유년기를 보낸 사람이라도 어떤 장년기를 보내느냐에 따라 긍정적으로 변화한다는 사실을 학문적으로 입증했다. 행복을 좌우하는 중요 요소로 저자는 방어기제를 꼽고 있다. 같은 일을 겪고도 사람마다 반응이 다른 건 방어기제가 다르기 때문이라는 것이다.

정서적 성장에 관련해서는 프로이트의 방어기제이론에서 미성숙한 방어기제, 즉 자기회피, 건강염려증, 공격성, 분열, 행동화, 환상 등처럼 나쁜 영향을 끼치는 기제들이다. 미성숙한 방어기제는 자신에게 순간적인 위안이나 만족을 주지만 타인에게는 자기중심적인 사람으로 보이기 때문에 인간관계 형성을 방해하고 삶의 질을 저하시킨다. 시간이 지나면서 미성숙한 방어기제들은 좀 더 바람직한 방어전략들, 즉 성숙한 방어기제로 발전해야 하는데 승화, 유머, 이타주의, 억제가 그 예이다. 이러한 성숙한 방어기제들은 건강하게 나이 드는 데 기여하는 바가 크고 사람을 끌어당긴다.

첫째, 승화를 통해 영혼의 연금술이 발휘된다. 성숙한 예술가들은 유년기의 고통을 작품으로 승화시키기도 한다.

둘째, 성숙한 유머감각을 가진 사람들은 고통이 어떤 것인지 정확하게 볼 줄 안다. 그들은 다른 사람에게 불쾌감을 주거나 스스로 불안해하지 않고 자유롭게 자기 감정을 표현할 수 있다. 유머를 잘 이용하면 고통도 웃음으로 변화시킬 수 있다.

셋째, 이타주의는 자기가 받고 싶은 것을 다른 사람에게 베풂으로써 즐거움을 느끼는 것이다.

넷째, 효과적으로만 사용하면 억제 또는 금욕은 균형을 잘 잡는 돛대 역할을 할 수 있다. 괴로움 이면에는 즐거움이 있듯이 억압과 억제는 둘 다 지금 당장 마음에서 욕망을 떨치게 해 준다. 욕구를 망각(억압)하는 것이 아니라 연기(억제)하는 것이 성숙의 증거라고 보았다. 방어기제의 성숙은 욕망과 억압의 균형잡기라고 볼 수 있다. 이타적으로 행동하고(이타주의), 예술적 창조로 갈등을 해소하거나 쇳조각을 황금으로 변화시키며(승화), 밝은 면만 보려고 인내하거나 (억제), 지나치게 심각한 태도를 취하지 않는(유머) 행동이 모두 이에 포함된다. 이러한 방어기제는 매우 의식적으로 노력해야만 갖출 수 있는 것이다.[35]

제4장 독거장수리스크

1. 좋은 관계는 좋은 삶을 만든다

1) 인간은 사회적 · 정치적 동물이다

사람의 인(人)은 홀로 설 수 없고 서로 의지하며 살아가는 인간의 속성을 나타내는 한자로 풀이된다. 두 획이 서로 기대어 있는 인(人)자는 인간이 둘 이상 모여 공동체를 이루고 서로 의지하며 함께 살아가는 사회적 동물임을 나타내는 것이다. 여기서 공동체란 사회적 동물인 인간이 목표나 가치를 공유하면서 상호 간의 이해를 바탕으로 인간관계를 형성해 살아가는 유기체적 조직을 말한다. 사람은 공동체 생활을 통해 서로의 존재를 확인하고 서로 간의 사랑과 배려를 통해 정신적인 안정감을 얻게 된다. 또한 소속집단 내의 다른 사람들과의 친밀하고 지속적인 관계 유지를 통해 외로움이나 소외됨으로부터 자신을 보호하게 된다.

고대 그리스의 철학자 아리스토텔레스는 저서 『정치학』에서 "인간은 본성적으로 정치적 동물이다"라고 했다. 그의 "덕 윤리"는 정치적 동물로 대표되는 인간관 그리고 행복으로 대변되는 공동체관으로 나눌 수 있다. 인간은 공동체를 벗어나서는 존재할 수 없다는 상호의존적인 인간본성에 대한 주장과 연관이 있다. 인간이 정치적 동물인 가장 큰 이유는 인간이란 홀로 살아갈 수 없는 나약한 존재이기 때문이다. 인간이 생존하기 위해서는 서로의 공동체가 필요하다. 이것은 동물의 세계에도 똑같이 적용된다. 아프리카의 광활한 초원에 사는 동물들이 포식자로부터 언제나 약육강식의 긴장감이 흐르는 가운데 자신의 생명을 지키기 위해 다른 장소로 이동할 때에는 수십만 마리의 동료와 무리를 지어 횡단하는 생존본능과 똑같은 자연의 이치다. 인간도 생존하기 위해서는 서로 의지하며 살아가기 위한 공동체가 필요하다. 이러한 관점에서 인간은 사회적 동물이다. 노후가 되어 가장 경계하며 관리해야 할 것이 외로움이다.

최근 통계청이 발표한 "한국 사회동향 2012" 보고서에 따르면 2010년 기준 한국의 1인 가구는 전체 가구 중 23.9%를 차지해 22.5%인 4인 가구를 앞지르는 것으로 나타났다. 앞으로 혼자 사는 가구가 둘 이상 사는 가구보다 많아질 것이라는 전망도 나오고 있다. 이처럼 나 홀로 사는 사람들이 늘어나면서 고립감, 우울증, 외로움, 고독 등과 같은 사회심리학적 문제들 역시 커지고 있다. 앞으로의 시대는 어떻게 해야 혼자서 잘 살 수 있을 것인가에 대해 외로움(Loneliness)을 고독력(Solitude)으로 승화시켜야 한다고 한다. 아울러 우리는 외로움을 원만하고 성숙한 인간관계를 통해 이웃과 지인과의 더불어 사는 삶에서 새로운 공동체 가치를 발견하는 등 독거장수리스크를 잘 관리해야 한다.

2) 좋은 삶과 행복은 무엇일까?

좋은 삶이란 좋은 뜻을 가지고 살아가는 삶이다. 우리의 일상을 잘 살 때 나오는 것이 행복이라고 한다. 행복은 우연(幸)과 복(福)의 합성어로 우연히 찾아오는 복으로 해석된다. 일반적으로 행복이란 자기 삶에 대한 만족과 보람 그리고 유쾌하고 흐뭇한 상태이다. 즉, 자신의 삶에 만족스러운 상태인 쾌족(快足)이라 표현할 수 있다. 이는 남의 시선과 기대에 연연하지 않고 내 영혼의 소리에 귀를 기울이고 사는 자신만의 삶이 필요하다. 쾌족으로 행복을 이해할 때 얻게 되는 또 하나의 깨달음은 행복이 아주 특별하고 신비로운 것을 추구해야 한다기보다는 내 삶에 만족을 더해 주는 것들, 예컨대 미세먼지 없는 청명한 날씨에서의 산책, 가족과의 즐거운 아침식사, 친한 친구와의 커피 마심 등 행복이란 철저하게 일상적임을 알 수 있다. 그래서 나는 매일매일의 일상의 즐거움은 행복한 삶의 첩경이라고 말하고 싶다.

행복한 인생의 조건은 첫째, 만족감, 둘째, 즐거움(긍정적인 감정과 경험), 셋째, 의미 있는 삶이라고 최인철 교수는 『굿 라이프』에서 말한다. 누군가 사랑하는 연인과 산책길을 걸으며 즐거운 대화를 나누고 있다면 이는 행복한 상태(분위기)를 연상시킨다. 행복의 큰 원천이며 대상인 가족과 친구와 친밀한 인간관계를 갖는 것이 무엇보다 중요하다. 따라서 행복한 사람일수록 인간관계를 소중하게 여긴다. 행복한 사람들은 좋은 사람과 보내는 시간을 자신의 시간에 집중적으로 쓸어 담기 위해 노력하지 금전적 이득을 위해서는 등한시한다. 여행, 산책, 운동, 자원봉사, 대화, 음식 등은 우리에게 즐거운 마음을 일으켜 행복으로 연결된다. 따라서 행복은 능동적인 마음으로 생기기에 결코 소파 위에 있지 않다. 행복은 우리가 어떤 마음으로 임하고 있는가? 우리 마음의 관점(프레임, Frame), 즉 행복에 임하는 자세가 중요하다. 여기에서 돈, 외모를 중시하는 태도, 명성, 타인의 삶과의 비교 등과 같은 물질주의가 강하면 강할수록 행복감이 떨어진다는 것이다.[36]

성경은 심령이 가난한 자는 복이 있다고 한다. 마음이 가난할수록 주어진 많은 것을 신이 주신 선물로 알고 감사한 자세로 삶을 살아가기 때문에 행복한 삶이 가능하다. 종교인들이 가지는 감정으로 현실보다는 영원한 것, 신에 대한 경외감과 감사를 통해서도 행복감을 느낀다.

3) 좋은 삶에 대한 연구

타인과의 좋은 관계가 행복을 결정한다는 좋은 삶(good life)에 대한 연구가 있다. 하버드 대학교 의과대학 교수인 조지 베일런트(George Vaillant)가 이끄는 그랜드 연구진은 1938년부터 75년간 700여 명의 인생을 추적해 실증적인 연구를 했다. 면담, 의료기록, 촬영, 신체검사 등을 통해 체계적인 연구를 실시하였다. 이들은 인생성장보고서를 작성하였고 행복의 조건이란 책을 통해 이를 세상에 알렸다.

연구주제는 "행복하고 건강하게 사는 삶은 과연 무엇인가?"였다.
연구결과는,

첫째, 일반적으로 생각하는 부와 명성, 성공이 아니라 "가족, 친구, 공동체와의 좋은 관계"라는 결론에 도달했다.

둘째, 외로움은 건강에 해롭고 뇌기능을 저하시키고 삶을 사망에 이르게 한다.

셋째, 좋은 관계란 친구의 수는 중요하지 않고 관계의 질, 즉 관계의 만족이 중요하다는 것이다.

넷째, 좋은 관계는 몸의 건강은 물론 기억력 등 뇌의 기능도 보호한다. 즉, 좋은 관계가 좋은 삶을 만들며 그 사람은 바로 곁에 있는 사랑하는 사람들이라는 것이다.

부연하여 설명하면 인간관계에 대한 만족도가 높은 사람일수록 노년에 건강한 삶을 살고 있을 확률이 더 높다는 사실이다. 일생 동안 가족, 친구, 공동체와 친밀한 관계를 많이 맺고 살아가는 사람들이 더 행복하고 신체적으로 건강하며 장수를 누리는 것으로 나타났다. 어려울 때 마음의 문을 활짝 열어 놓고 서로 의지할 수 있는 가족, 친구, 친지들이 주위에 많이 있어야 한다. 이와 반대로 고독 속에서 외롭게 살아가는 사람들은 중년기에 건강이 빨리 악화되고 뇌기능이 일찍 저하되며 주변에 좋은 친구가 많은 사람들에 비해 빨리 늙어 가는 것으로 조사되었다. 제1의 인생에서 특정한 목적을 달성하기 위해 선택의지에 따라 연결된 이해타산적 관계보다 제2의 인생에서 가족이나 친구처럼 서로에게 헌신적이고 조건이 없는 자유의지로 맺어진 사회적 인간관계가 행복에 이른다고 볼 수 있다. 그리고 긍정적이고 끈끈한 인간관계로 넓게 연결되어 있어야 의미 있게 성장하는 행복한 노후를 살아갈 수 있다. 내가 어렵고 힘들 때 곁에서 나를 지켜 줄 소중한 사람들이 과연 몇 명이나 될지 자신에게 물어보아야 한다. 외로움을 극복하고 좋은 인간관계를 유지하기 위한 독거장수리스크관리의 필요성을 느끼게 하는 핵심적인 내용으로 받아들여진다.[37)

　　실천사항으로 진짜로 친하고 재미있는 관계로 배우자와 연애할 때로 돌아가며 부부는 같이 자고 같이 살아야 한다. 치매환자를 정성껏 돌보는 것은 자식이 아니라 부부라는 것을 치매전문의사는 오랫동안 관찰했다고 한다. 그리고 새로운 모임에서 새 친구를 사귀고, 제1의 인생에서의 직장에서 제한된 사람과의 인간관계였지만 제2의 인생에서의 특권은 열린 마음으로 새로운 친구를 사귈 수 있어야 한다.

4) 좋은 모임의 조건

　　개인적인 모임은 자발적으로 생성된 강한 인간관계 중심의 모임으로서 100세 이상 사는 데 꼭 필요한 공동체 모임이다. 모임은 사람이 성장과정에서 학교, 직업, 취미 등 이런저런 이유로 결속된 사적 집합체이다. 자기가 속한 모임은 여럿이 모여 의논함을 통해 지속적인 만남을 유지하며 좋은 인간관계를 형성하고 즐거움을 가지며 살아가는 데 소중한 만남이다. 모두가 나에게는 귀중한 교제 모임으로 앞으로 나의 노후의 행복한 삶을 위해 과연 필요한 모임인가를 생각하는 것은 중요하다. 나의 행복을 위해 필요한 모임이라면 인간관계를 유지하여 보람 있고 의미 있는 모임이 지속되도록 노력해야 한다. 좋은 모임이 되기 위해서는 과연 무엇이 필요한가를 열거하여 많은 모임의 화두와 대화의 초점을 유도하고 발전시키고자 좋은 모임의 조건을 제시하고자 한다. 노후에는 특히 "얕고 넓은 모임"에서 "좁고 깊은 모임"을 추구해야 할 것이다.

좋은 모임의 구체적인 조건은 다음과 같다.

첫째, 정의사회 구현보다는 사랑의 실천을 위한 대화이다.

모임은 공적인 성격보다 사적 인간관계가 중심이 되므로 옳고 그름을 따지는 정의사회 구현과 결론을 도출하려는 토론보다 서로가 사랑하고 좋아할 수 있는 소재를 찾아 서로가 즐거움을 줄 수 있는 대화의 내용이 좋다. 상대방의 의견을 존중하며 상호보완될 수 있는 실천적 삶의 내용이 있다면 보다 바람직하다. 특히 상대방의 이야기에 판단하지 말고 비판하지 않는 자세는 중요하다.

둘째, 과거보다는 현재와 미래의 대화가 화제의 중심이 되어야 한다.

모임의 구성원이 과거에 같이 근무했거나 동질의 업무 분야에 종사했던 친분관계로 형성되었기에 과거 이야기에 치우칠 우려가 많다. 역사는 과거의 사실 그 자체보다 미래를 조명하고 기여할 때 역사적 의의가 있다. 과거에 얽매이지 않고 오늘 하루의 삶을 충실히 사는 것은 중요하다. 우리는 현재 살아가고 있으며 앞으로 재미있고 건강하게 살아가야 할 과제가 더욱 중요하기에 과거보다는 현재와 미래에 관한 화두(Forward-Looking Conversation Topics)가 대화의 중심이 되어야 한다.

셋째, 정치보다는 경제, 사회, 문화 이야기가 좋다.

정치는 개개인의 선호에 따라 보수와 진보 진영에서 자기 의견을 개진하기에 의견의 수렴이 쉽지 않고 논쟁으로 치닫기 쉽다. 이보다는 모든 참여자에게 공통의 관심이 될 수 있는 유익한 경제, 사회, 문화의 이슈가 모임 주제가 됨이 훨씬 유익하고 도움이 된다.

넷째, 장수리스크관리를 위한 각론의 이야기는 실질적으로 도움이 된다.

장수리스크관리란 100세 이전에 조기 사망할 수 있는 각종 위험으로부터 사전적으로 각자 노후의 신체를 효율적으로 관리하여 100세 이상 사는 것을 목표로 한다. 구체적으로 본서에서도 무전장수리스크, 유병장수리스크, 무업장수리스크 그리고 독거장수리스크로 대별하여 서술하고 있다. 효율적인 장수리스크를 관리하고 실천하기 위한 관련 정보의 공유는 개인의 실질적인 노후관리에 도움을 준다.

다섯째, 삶의 질의 향상을 위한 대화가 필요하다.

100세 이상 살 것을 목표로 기대수명이 건강수명과 일치되도록 건강관리를 위한 운동이 무엇보다 중요하다. 건강을 위한 운동, 즐거움, 재미, 의미 있는 삶, 즉 삶의 질을 높이기 위한 소재의 내용은 노후생활의 대화의 최대 관심사다. 노후에 건강을 지킬 수 있는 정보는 아주 요긴하다. 그리고 무엇보다도 매일의 삶에 즐거움과 재미를 줄 수 있는 체험담 특히 여행에 대한 정보공유는 마음을 설레게 하고 모든 참여회원의 관심의 대상이 된다. 그리고 여생을 재미와 의미가 만나는 화제와 가치 있고 보람된 삶이 되기 위한 여러 가지 소재가 보다 바람직하다. 특히 소확행(소소하지만 확실한 행복)의 일상의 즐거움을 줄 수 있는 이야기를 추천하고 싶다.

여섯째, 노인 건강관리는 재건축 아파트 관리 이야기가 좋은 예가 된다.

노인의 모습은 신규 분양된 새 아파트보다는 재건축을 기대하는 노후 재건축 아파트에 비유하는 것이 적절하다고 생각한다. 신규분 양 아파트가 청년과 장년이라면 재건축 아파트는 노인에 해당한다. 재건축 아파트에 살려면 일정한 기간 경과 후에 수리를 하여야 하는데 인테리어 공사를 잘하면 비교적 편리하게 생활할 수 있다. 노인이 되면 노후로 인하여 건강상 신체의 여러 부분을 치료하고 관리해야 잘 지낼 수 있다. 예를 들면 치아, 전립선, 당뇨, 혈압 등 개인 각자가 지니고 있는 성인병의 완전한 치유보다는 지속적이고 장기적 관리로 관련 병이 죽을 때까지 동행할 수 있다는 지병에 대한 느긋한 마음자세가 중요하다. 병은 알리고 공유해야 병을 치유하는 데 도움이 된다. 즉 "재건축"은 재미있고 건강하며 축복된 노인의 삶을 유지하기 위한 삶의 지혜로 생각된다. 그래서 모임에서의 건배사로 "재미있고 건강하며 축복된 삶, 재건축을 위하여"를 자주 이용한다.

일곱째, 공동체 가치(Community Value) 선진 사례를 공유한다.

일본 등 선진국에서는 노후가족 넷 혹은 다섯 가구들이 모여 사는 공동주택인 "콜렉티브하우스(Collective House)" 혹은 "셰어하우스 (Share House)"가 새로이 형성되어 특히 일본에서 인기를 끌고 있다고 한다. 입주자는 서로가 서로를 위로해 줄 수 있어 가까이에서 즐거움을 나눌 수 있는 인간관계가 형성이 돼 있다. 노인이 갖고 있는 외로움의 고충을 각 세대별로 "먼저 고충사항을 말하지 않으면 간섭

하지 않는다” 등의 내부 규칙을 만들고 부엌, 거실 등은 공동시설로서 함께 이용하고 주치의를 두어 개개인의 건강을 관리한다. 노후의 좋은 삶이란 외로움 없이 좋은 뜻을 가지고 더불어 살아가는 삶으로 셰어하우스는 좋은 대안이 될 수 있다. 우선 좋은 이웃과 친구를 사귀고 그들과 좋은 인간관계를 형성하여 행복하고 의미 있는 삶이 된다면 독거장수리스크를 방지하는 전형적인 선진 사례로 연구할 만한 가치가 있다고 생각한다.

여덟째, 개인의 엔딩노트의 작성과 버킷리스트를 업그레이드한다.

인간은 언젠가는 죽는다. 웰다잉(Well-dying)을 위해 준비하는 것과 지나온 인생을 정리하고 앞으로 어떤 노후를 보낼지 계획하는 엔딩노트(Ending note)의 작성은 죽음을 준비하고 여생을 의미 있게 보내는 데 도움이 된다. 그러나 죽음을 평상시에 생각하는 것은 우울증을 유발하는 등 정신적 건강에 좋지 않다고 생각한다. 우리는 죽는 그 날까지 인간으로서 해야 할 꿈과 희망을 가지고 살아가야 할 소명과 존엄성이 있기에 내가 무엇을 하고 싶은지 버킷리스트(bucket list)를 공유하며 개인의 버킷리스트를 업그레이드하여 삶에 적용하는 것이 바람직하다.

웰다잉 시민운동 창립총회가 열렸다. 국민 개개인의 노후를 미리 계획해 아름답게 삶을 마무리할 수 있도록 국민 공감대를 모아 가는 시민단체가 설립되는 것이다. 엔딩노트의 작성, 연명의료계획서나 사전연명의료의향서, 유산의 기부의사 등 웰다잉시민운동을 펼칠 계획이라고 하며 시민들이 스스로 품격 있는 삶의 마무리를 준비하면서 가족의 부담, 의료비 낭비도 함께 줄이자는 취지라고 한다.[38]

아홉째, 이분법보다는 다양성 있는 구성원이 바람직하다.

이 세상에는 내가 좋아하는 곰만 있는 것이 아니라 여우, 사자, 쥐 등 다양한 동물이 존재하듯, 인간의 모임의 구성원들도 각양각색으로 구성되어 있는 것이 자연스럽다. 대부분의 사람들은 내가 좋아하는 곰만이 있는 모임을 원하고 여우, 사자, 쥐가 모임에 같이 있으면 취향, 성격, 생각이 다르기 때문에 불편해하고 마음의 상처를 받는다. 그러나 다양한 구성원을 통해 내가 좋아하는 편향된 정보보다 다양한 정보를 습득할 기회가 되어 본인에게 사실상 유익하다. 회사도 다양한 성향과 특성을 지닌 인재포트폴리오가 성장의 초석이 되듯이 모임의 구성원도 내가 좋아하고 내 취향만으로 구성되기보다는 다양한 구성원이 있는 것이 보다 바람직하다. 모임의 발언 방법도 옳고 그름을 구분하는 이분법적 접근보다는 다양한 발언을 있는 그대로 인정하고 결론은 각자의 몫으로 돌리는 것이 의견충돌 없이 많은 의견이 수렴되고 재미있게 잘 지낼 수 있는 모임으로 생각된다.

열째, 새로운 인간관계를 위한 친구 사귐에 노력한다.

제1의 인생은 단체라는 구속의 생활로 새로운 인간관계 형성에 큰 제약이 있다. 제2의 인생에서 하루의 생활의 특징은 나의 자유롭고 선택된 삶이 보장된다. 기존에 내가 지금까지 형성한 친구 및 지인들도 여러 가지 개인적인 사유로 인해 지속적인 인간관계를 유지하기가 어려워진다. 새로운 인간관계 구축논리는 일정한 수의 친구가 자연 감소함에 따라 새로운 친구의 신규 진입(new entry)이 있어야 인간관계의 올바른 생태계시스템을 만들 수 있다. 더욱이 4차 산업 등 새로운 경제 및 산업환경 변화 추세에 잘 적응하기 위해서는 가능하면 새로운 젊은 피의 수혈이 필요하다. 기존 모임을 성실히 발전시킴은 물론 가능하면 앞으로 더 좋은 사람과 새로운 만남과 모임(On and Off-line Meeting)을 찾아 새로운 휴먼 네트워크를 만들어 폭넓은 세상과 접촉하는 출발점을 삼고 필요한 정보를 얻어 취미와 봉사활동 등 제2의 직업, 즉 새로운 일(業)을 개척하는 계기로도 삼아야 한다. "다일개붕우 다일조로(多一個朋友 多一條路)" 친구가 한 명 더 생기면 길이 하나 더 생긴다는 중국 격언이 있다.

5) 제2의 인생 행복함수식

우리나라 현재 65세 이상 노인은 600만 명을 훨씬 넘어섰고 전체 인구 중 노령인구 비중은 2019년에 14.9%이며 노령화 속도는 다른 선진국에 비해 훨씬 빠르게 진전되고 있다. 또한 최근 조기퇴직으로 인해 많이 늘어난 40대, 50대 중년층은 물론 60대 노년층에서도 제2의 인생을 어떻게 준비하여 행복한 여생을 보낼 것인가가 최근 관심의 화두가 되고 있다. 제1의 인생은 성공 지향적인 것이라면 제2의 인생은 보람과 의미에 보다 중점을 둔 삶이라고 한다. 영국의 심리학자 로스웰(Rothwell)은 행복지수는 인생관, 적응력, 유연성 등 개인적 특성인 P(Personal), 건강, 돈, 인간관계 등 생존조건인 E(Existence), 야망, 자존심, 유머 등 고차원 상태의 의미인 H(Higher order)에 의해 결정된다고 했다. 쇼펜하우어는 행복지수를 부 혹은 명성(Wealth or Fame)을 욕망(Desire)으로 나눈 것으로 표현했다. 서울대 조벽 명예교수는 행복=꿈×끼(타고난 재능)×노력(꿈을 달성하기 위한 공부)이라고 말씀하신다. 행복은 사회적 관계, 배움의 즐거움, 삶의 의미

와 목적, 작은 일상에서 긍정적인 것을 인식하는 태도가 중요한 결정
요인인 것 같다. 제2의 인생의 목표는 재미있고 의미 있는 질 높은 삶
으로 신중년 N(New), E(Enjoyable), W(Working)라는 신조어가 탄생했
다. 리스크관리가 전공인 필자는 인생의 위기를 1. 건강, 2 정체성, 3.
꿈과 비전. 이중에 어느 한 가지를 잃어버리면 인생의 위기가 온다
고 생각하여 죽을 때까지 지속적으로 관리하고 싶다. 그리고 제2의
인생의 3가지 리스크가 있는데 장수리스크(Longevity Risk), 조기사망
리스크(Mortality Risk), 상해리스크(Morbidity Risk)로서 보험업의 대
상이 된다. 장수리스크에 대비하기 위해서는 무엇보다도 연금이 필요
하며, 조기사망 방지를 위해 건강보험(암, 치매 등)을, 신체상해에 대
비하여 실손보험 등에 가입하여 미리 제2의 인생을 잘 준비해야 한다.
　제2의 인생은 객관적 가치보다는 주관적 가치로 "나 나름대로의
삶"이 중요하기에 앞에서 언급된 여러 가지 내용을 감안하여 다음과
같은 제2의 인생 행복함수식을 제시하고자 한다.

제2의 인생의 행복(Art)=f[건강, 처, 재산, 일, 친구(인간관계)]

　제2의 인생이 행복해지기 위한 상기 5개의 행복요인에 대해서는
대부분 인정하고 있다는 것을 지인들과의 대화를 통해 알 수 있었
다. 다만, 여기서 중요한 것은 개별요인의 중요도 비중과 우선순위
를 정하는 데는 개인 간의 편차가 있으며 주관적 환경 여건이 많이
작용한다. 누구나 상기 요인들을 최적으로 조합시켜 제2의 인생을 행
복으로 연결시키고 싶기에 행복함수식의 결과는 모두가 다른 예술이

라고 표현했다. 앞에서도 언급한 바와 같이 제2의 인생은 나 나름대로의 삶이 중요하기 때문에 나의 주관적인 행복요인의 우선순위와 중요도 비중을 남에게 강조하고 설득하려고 하는 삶의 충고와 조언을 삼가야 할 것이다.[39]

2. 노후의 삶의 질

1) 국민연금수급자의 비재무적 은퇴준비

KEB하나은행 하나금융경영연구소의 "국내 국민연금 수급자의 은퇴생활 보고서(2019.4)"에 의하면 노후의 삶을 결정짓는 요소로 건강, 사회교류, 취미활동 등 비재무적 은퇴준비에 대해 중요하게 인식되고 있는 것으로 나타났다. 국민연금 수급자의 73.5%가 비재무적 은퇴준비가 중요하다고 응답했으며 행복한 노후생활을 위해 가장 중요하게 생각하는 요소는 건강으로 조사되었다. 행복한 노후를 위해 중요한 비재무적 요소로 활기찬 생활을 위한 건강, 즐거운 노년을 위한 여가활동, 자아효능감을 갖기 위한 일, 배우자와 관계, 자녀와의 관계, 선후배 지인 등 네트워크, 지역(종교) 커뮤니티 활동 등으로 나타났다. 본서에서는 노후의 삶의 질을 좌우하는 요소로 앞서 비재무적 요소를 개인의 무형자산으로 접근해 살펴보고자 한다.[40]

2) 노후의 삶의 질에 관한 무형자산의 중요성

노후의 삶의 질에 소득은 얼마나 큰 영향을 미칠까? 여기서 우리가 가장 중요하게 생각하는 건 바로 노후의 삶의 질이다. 소득이 노후의 삶에 중요하지만 결정적인 영향을 끼치는 것 같지는 않다. 보통사람들은 아반떼를 타고 용무를 보고, 돈을 많이 버는 이들은 제네시스를 타고 다닌다. 차 값의 차이는 크겠지만 삶의 질은 차이가 그리 크지 않을 가능성이 높다. 1억 5천만 원짜리 차를 운전하는 것이 좋겠지만 1천5백만 원짜리 차를 운전하는 것보다 10배 더 좋다고 단정 짓기가 어렵다. 그리고 자동차, 집, TV 등의 소유물이 선사하는 에너지와 흥분이 금세 사라지는 건 "쾌락(행복) 적응"이라는 개념 때문이다. 인간은 좋든 나쁘든 어떤 변화에 금세 적응하는 경향이 있다. 그리고 불과 몇 주 안에 그 변화가 생기기 전에 느끼던 행복의 단계로 되돌아간다.

정보지식 기술 산업과 4차 산업에서는 유형자산(기계, 공장설비) 투자를 늘리기보다 지식재산권, 정보기술(IT), 플랫폼 개발, 평판과 같은 무형자산 투자를 늘려야 한다. 2015년 한 연구가 밝힌 바에 따르면 S&P 500에 들어가는 기업 가치 중 87퍼센트가 지적재산이나 상표 인지도, 신용도나 인적·사회적 자본과 같은 무형자산에서 기인한다고 한다.[41)

기업과 마찬가지로 개인도 무형자산이 중요하다. 노후자산에도 연금자산, 보험자산, 안전자산, 투자자산과 같은 유형자산과 더불어 행복자산, 근육자산, 자기개발자산, 경험자산, 헌신(봉사)자산 등의 무형자산으로 구분할 수 있고 무형자산의 증가는 실질적인 삶의 질을 높여 준다.

3) 노후의 무형자산의 종류

3-1. 행복자산

행복자산은 나에게 행복을 가져다주는 자산으로 설정의 전제조건은 다음과 같다.

① 돈은 행복해지기 위한 필요조건이지 충분조건은 아니다.

② 安貧樂道: 내가 가진 소득에 나의 생활수준을 맞추어야 한다.

知足常樂: 만족함을 알면 인생이 즐겁다.

知足第一富: 만족을 아는 사람이 제일 큰 부자다.

즉, 만족함을 알아야 즐거움도 있고 행복도 있다고 할 수 있다.

③ 타인의 삶과 비교해서는 안 된다. 자의식 과잉으로 돈, 외모, 스펙의 타인지배를 멀리한다.

④ 돈, 외모 지향, 자신의 인기 등 물질주의 지향은 행복감을 떨어트린다.

⑤ 운동에 대한 투자는 몸의 건강과 마음의 행복을 가져오는 대표적 행복자산이다.

방탄소년단(BTS)의 아버지 방시혁 대표의 서울대 졸업식 축사내용의 일부를 소개한다.

"자신만의 행복을 정의하라. 남이 만들어 놓은 행복을 추구하려고 정진하지 말라." "본인이 행복한 상황을 정의하고 이를 방해하는 것들을 제거하며 끊임없이 추구하는 과정 속에서 행복이 찾아올 것이다."

김수환 추기경의 삶이란 글의 내용을 소개한다.

"양심에 따라 진실되이 사는 사람이 될 때에 참으로 행복하다는 것을 깊이 명심해 주십시오. 이것은 쉽지 않습니다. 바보 취급도 받고 시련도 많고 박해도 받을 수 있습니다. 그러나 그러면서도 좌절하지 말고 실패했어도 다시 일어서서 꾸준히 또 꿋꿋하게 살아가는 사람, 그가 참인간입니다. 사회를 향상시키고 역사를 빛내는 사람들은 바로 이런 사람들입니다."

3-2. 마음 챙김(Mindfulness)의 마음자산

마음 챙김은 깨달음, 잡념을 배제하고 지금의 집중된 상태이다. 후회, 미래에 대한 걱정, 불쾌한 경험 등을 떠올리게 되면 스트레스가 돼 몸과 마음을 병들게 한다. 휴식을 취하는 시간보다 운동, 대화 등 무언가 한 가지에 집중할 때 오히려 행복도가 높다. 세상은 내가 믿는 대로 된다(一切唯心造). 끌어당김의 법칙이 이에 해당한다. 마이너스건강법(동의보감)으로 덜 먹고, 덜 쓰고, 더 많이 덜어 내라(배설). 그리고 익숙한 것과의 결별을 하라.

달리기와 마음 챙김: 규칙적인 달리기는 세로토닌과 노르에피네프린의 농도를 증가시키고 새로운 뇌세포를 생성한다. 아침 달리기가 하루 전체의 기분에 영향을 미치므로 저녁 달리기보다 효과가 높다. 행복 물질은 대화가 가능한 속도로 달릴 때 가장 많이 증가해 스스로 밀어붙이는 것보다는 몸 상태에 맞게 느리게 달리는 편이 낫다.

3-3. 헌신자산(봉사자산)

헌신자산이란 지역사회의 봉사나 가난한 자를 위한 봉사(밥차 등)
의 실천은 노후의 삶의 질을 높여 준다. 헌신자산이 우리에게 필요
한 것은 사회에서 주어진 일을 수행하며 남을 위해 봉사하고 헌신적
인 삶을 살아가기 위한 소양과 자질을 배양하기 위함이다. 참되고
훌륭한 분으로서 이태석 신부를 꼽는다. 그는 아프리카 톤즈라는 마
을에서 그리스도의 사랑을 나누어 주다가 세상을 떠난 성직자였다.
남에게 그런 희생적 사랑을 보여 주거나 나누어 주지 못하고 있지
않은가? 반성하게 된다. "사랑이라는 정신적 가치는 결코 추상적인
것이 아닙니다. 구체적인 인간관계에서 찾아야 하는 것이요, 홀로
있어도 찾고 얻어야 할 가장 구체적이고 기본적인 것입니다. 그것은
가장 살아 있는 것이요, 가시지 않는 것입니다. 그것이야말로 참존
재"라고 김수환 추기경은 말씀하셨다. 믿음, 소망, 사랑 중 사랑이
으뜸이고 예수는 사랑을 실천하고 우리를 구원하기 위해 이 땅에 오
셨다고 성경은 말한다. 가정과 사회에서 중요한 것은 서로 사랑함을
나누는 것이 행복에 이르는 최선의 방법이다.

봉사자산(헌신자산)의 좋은 예:

김영석(91)·양영애(83) 부부는 청량리에서 과일장사로 돈을 벌어 고
려대에 400억대를 기부하셨고 다음과 같이 말씀하셨다. "애들에게 줄
수도 있지만 돈이라는 게 자기가 힘들여 벌지 않으면 의미가 없어요.
재산을 많이 물려준다고 해서 자식들이 더 잘되는 것도 아니고, 잘못
하면 자식이나 망하지요. 그만큼 먹고살게 해 줬으면 부모로서의 할
일은 했다 싶어요."

나 자신을 바꿔 나가는 구체적이고 현실적인 도전으로 매일 자기혁명을 우선시하는 삶으로 은퇴 이후의 "1인 지식기업"을 창업하는 등 지속적인 강의, 저술활동 등이 있다. 자기개발을 위해서는 나만의 공간이 필요하다. 내 마음대로 할 수 있는 최소한의 공간인 내 방(사무실)에서 휴식도 취하고, 사색도 하고, 책도 읽고, 음악도 듣고, TV도 보고, 유튜브에서 동영상도 본다. 나의 취미와 관심, 사유의 단초, 그리고 책 쓰기 등은 이 공간에서 구체화된다. 나의 공간이 생명력을 유지하고 지속되기 위해서는 이 공간에서 추구할 수 있는 의미와 내용이 있어야 한다. 신뢰성 있고 의미가 담긴 콘텐츠 구축을 위해 노력해야 한다. 내 나름의 콘텐츠(Contents)가 있어야 이 공간도 유지할 수 있다는 이야기다. 좋은 콘텐츠가 결국 경쟁력이 되고 좋은 콘셉트(Concept)가 관건이 된다. 좋은 콘텐츠 그리고 만인에게 유익한 콘텐츠만이 살길이다.

1인 지식기업으로 홀로서기를 위해 준비할 내용은 다음과 같다.

① 독서혁명(세상은 내가 아는 만큼 보인다)
② 개인 마케팅(Personal Marketing)
③ 스피치, 강연, 세미나를 위한 준비
④ 글쓰기(지식의 수용자에서 공급자의 역할을 수행한다)
⑤ 책 출판은 나를 알리는 개인 브랜딩(Personal Branding)의 최고봉

3-5. 경험자산

돈을 소유물 소비에 사용하기보다는 좋은 경험을 할 수 있는 경험 자산을 사는 데 사용되도록 노력한다. 노후에는 소유물을 사는 소비 보다 경험을 사는 소비, 즉 여행, 영화관람, 사진작가, 시인, 화가, 역 사전문가, 자원봉사활동가 활동에 시간과 돈을 사용한다. 그리고 많 이 베풀고 좋은 인연을 맺은 사람들과 서로 사랑하고 즐겁고 행복하 게 살기 위해 돈을 사용하도록 노력한다. "여행경험담 강의 듣기", "풍경사진 찍는 기술" 등은 경험자산을 쌓는 좋은 예이다.

3-6. 근육자산

인체의 근육은 심장근육과 내장근육 그리고 골격근이 있다. 먼저 근육은 대사작용에 의해 생성된 에너지를 저장했다가 활동 시 즉시 사용할 수 있게 한다. 또 근육은 세포 속에서 산소를 저장했다가 활 동 시 즉시 사용할 수 있게 한다. 또 근육은 세포 속에 산소를 저장 했다가 활동 시 호흡에 의한 산소가 미처 도착하기 전에는 에너지생 산공장인 미토콘드리아에 산소를 공급한다. 근육은 사용하지 않으면 근위축이 나타난다. 근육세포의 수명은 대략 3~4개월에 불과하다. 이렇게 중요한 근육을 어떻게 유지하고 증대시켜야 하는 것에 대해 유산소운동(지구성 훈련)을 통해 에너지생산공장인 미토콘드리아 수 를 늘리고 무산소운동(저항성 운동)을 통해 근육량을 증가시킨다.

정신근육과 육체근육은 행복의 저장소 역할을 한다. 근육이 있어 야 멋있고 아름다운 몸매를 유지할 수 있고 근육의 연료인 단백질을 섭취하여 면역의 저장소를 튼튼히 한다. 적색근 키우기는 스쿼트,

푸쉬업, 플랭크, 브리지가 좋고 백색근 키우기는 댄스나 탁구가 좋다. 단백질 식단으로 장조림, 계란프라이, 두부조림이 포함되도록 한다. 올해 69세인 고다 고이치 씨는 건강전도사이다. 의사는 아니지만 자기만의 건강법을 개발해 일반 대중에게 전파한다. 그는 근육이 연금보다 강해야 하고 단단한 치아가 자식보다 든든해야 한다고 했다. 관심과 느긋함, 근육과 치아가 남아 있는데 무얼 못 하겠는가? 말하면서 근육과 균형을 추구하는 그만의 방식을 이야기한다. 법정나이보다 정신나이와 육체나이가 중요함을 강조한다. 법정나이(태어날 때부터 정해진 나이)보다, 정신나이(뇌나이), 육체나이(신체나이)가 훨씬 중요하며 구분하여 관리해야 한다. 나이를 잊고 젊은 사람과 교제하자("忘年之交"). 가급적 나이 이야기하지 말자. 동양의 "장유유서"의 유교사상은 서양의 경쟁력의 원천인 "가치 중시"를 이기지 못했다. 경쟁에서 이기기 위해 가치 있는 것들인 과학, 화학, 총·대포의 발명은 서양이 동양을 지배하는 실질적인 원동력이 되었다. 육체나이관리의 실천사항으로 젊은 사람 몸/좋은 외모 만들기, 5kg 감량 목표로 마라톤을 시작한다. Fitness 연습으로 근력운동, 등산, 골프 등을 실시한다.

3-7. 정신근육자산

정신근육을 늘리기 위해 명상, 수련, 책 읽기 등을 통해 불교에서는 사무량심(四無量心: 인간이 상상할 수도 셀 수도 없는 경지의 네 가지 마음)의 정신적 도량을 늘리기에 힘쓴다. "四無量心"의 주요 내용은 다음과 같다.

① 사랑: 상대방의 입장에서 세상을 보고 상대방이 행복할 수 있도록 배려하는 마음이자 그런 환경을 조성하는 배려이다.

② 연민: 내가 타인의 불행을 보고 단순히 눈물을 흘리는 소극적인 단계를 넘어 자신에게 해가 되더라도 타인이 불행하지 않도록 헌신하는 노력이다.

③ 기쁨: 상대방의 성공에 진심으로 기뻐하는 마음이다. 나와 경쟁하던 상대방의 성공을 진정으로 축하하기 위해서는 많은 수련이 필요하다.

④ 평정심: 인생의 희로애락을 삶의 일부로 기꺼이 수용하는 마음이다.

4) 은퇴자의 라이프스타일 유형과 삶의 질

삼성생명은퇴연구소의 "은퇴자의 라이프스타일과 노후소득(2017.07)" 보고서에 의하면 노후의 삶의 질은 은퇴자의 라이프스타일 유형과 밀접한 관계가 있음을 남녀 은퇴자 500명을 대상으로 조사·연구한 결과를 다음과 같이 소개하고자 한다.

사회학자 앤서니 기든스에 따르면 라이프스타일은 내가 어떻게 행동할 것인가 뿐만 아니라 어떤 사람이 될 것인가에 대한 선택으로 자아정체성과 삶의 질에도 중요한 영향이 미친다고 한다. 본 연구에서는 은퇴자들의 라이프스타일을 유형화하고 유형별 노후소득 및 삶의 질과의 연관성을 탐색해 보고자 한다.

① 액티브시니어(Active Senior): 취미·학습·자원봉사 등 적극적 여가생활을 추구하고 건강관리를 열심히 하며 레저활동을 즐기는 등 매우 활동적으로 은퇴생활을 하는 유형으로 남성이 68%이며, 50대의 젊은 은퇴자 비중이 40%로 다소 높다.

② 카우치포테이토(Couch potato: 소파에 앉아 TV를 보며 많은 시간을 보내는 사람을 뜻함): 일과의 상당 부분을 집에 홀로 머물며 TV 시청으로 시간을 보내는 등 비활동적이며 수동적인 여가생활을 하는 유형으로 남녀 비율이 비슷하며 65세 이상 고령층이 51%이다.

③ 반퇴자(Semi-retiree): 은퇴 후에도 아르바이트 등을 통해 소득 활동을 지속하는 유형으로 남성의 비중이 59%이고 연령대는 비교적 고르게 분포되며 기혼자가 90%이다.

④ 하우스와이프(Housewife): 오랜 기간 전업주부로 살아왔거나 노후에 손주육아, 가족간병 등의 돌봄 및 가사노동으로 시간을 보내는 여성 은퇴자 유형으로 대부분 여성(90%)이며, 50대(39%)와 60대 초반(39%)의 젊은 은퇴자 비중이 높고 기혼자가 86%이다.

4-2. 은퇴자 유형별 노후자산 및 소득 구성

① 은퇴자의 가계자산을 비교해 보면, 거주주택 부동산은 모두 비슷한 반면 액티브시니어형이 금융자산, 거주 주택 이외의 부동산 등을 타 유형보다 많이 보유한 편이다.

② 은퇴자의 가계소득은 액티브시니어형이 월평균 295만 원으로 가장 많고 다음으로 하우스와이프형(256만 원), 반퇴자형(249만 원), 카우치포테이토형(211만 원) 순이다.

③ 은퇴자 가계소득의 소득원을 보면 액티브시니어형은 개인연금소득의 비중이 16%로 타 유형보다 2~3배가량 높은 반면 사적 이전소득 및 근로소득 비중은 가장 낮다.

④ 은퇴자의 유형에 따라 질병이나 가장의 사망과 같은 예측하기 어려운 위험에 어느 정도 대비했는지를 각종 보장성 보험의 보유 여부를 살펴본 결과 액티브시니어형이 사망위험과 건강위험에 모두 잘 대비하고 있는 것으로 나타났다.

4-3. 은퇴자의 라이프스타일 유형별 삶의 질

① 은퇴자의 주관적인 삶의 질을 은퇴생활에서의 걱정거리, 시간 사용에 대한 평가, 행복감 수준으로 측정한 결과 전반적으로 액티브시니어형, 반퇴자형, 하우스와이프형, 카우치포테이토형 순으로 삶의 질이 높게 나타났다.

② 현재 가장 큰 걱정거리가 무엇인지에 대한 질문에 액티브시니어형은 특별한 걱정거리가 없다는 응답 비율이 24%로 다른 유형보다 2배 이상 높았으며 일자리문제를 꼽은 비율도 비교적 높은 편으로 사회활동을 지속하고자 하는 욕구를 반영한다.

③ 은퇴생활에 대한 평가에 대한 질문에 액티브시니어형은 과반수(55%)가 은퇴 후 시간을 의미 있게 사용하고 있다고 응답한 반면 카우치포테이토형은 38%만이 이에 동의했다.

④ 현재의 삶에서 느끼는 행복감 수준(0~10점)은 액티브시니어형(6.58점)이 가장 높고 카우치포테이토형(5.87점), 고령 하우스와이프형(5.58%)이 가장 낮았다.

4-4. 행복한 은퇴생활을 위한 시사점

① 은퇴자의 삶의 질을 은퇴생활에서의 걱정거리, 시간 사용에 대한 평가, 행복감 수준으로 측정한 결과 전반적으로 액티브시니어형의 삶의 질이 가장 높고 65세 이후에도 변화가 적었다.
② 액티브시니어형의 노후소득원 중 개인연금소득의 비중이 타 유형보다 2~3배가량 높았으며 대다수가 암보험, 의료실비보험 등으로 건강위험에 대비했고 종신보험이나 통합보험 등으로 가장의 사망위험에 대한 비율이 높았다.
③ 결론적으로 액티브시니어들은 노후 생활자금뿐만 아니라 마지막 생애 단계에 이를 때까지 겪을 수 있는 다양한 리스크들에 치밀하게 대비함으로써 자녀들에게 부담을 주지 않고 노후를 독립적으로 살아갈 수 있는 기반을 마련한 사람들임을 알 수 있다.[42]

5) 노후의 삶의 질을 향상하기 위한 실천사례

5-1. 양재천의 아침운동 모임

100세 이상 살 것을 목표로 설정하여 건강관리를 최우선으로 양재천의 아침운동 모임에 열심히 출석하여 체력을 단련한다. 특히 나와 처가 아침운동에 참가하는 것 자체가 최근 나의 노후 삶의 질 향상의 가장 좋은 예이다. "건강은 신의 몫이고 체력은 인간의 몫이다"라고 본인은 생각한다. 체력은 곧 생명이라는 생각을 갖고 사람은 체력증강에만 몰두해야 한다. 체력은 유일하게 건강과의 양의상관관계가 +1에 가까우므로 체력을 다지는 것이야말로 자신의 생명력을 연장하는 인간의 최고의 방법이다. 건강과 체력은 누가 대신 만들어 줄 수 있는 것이 아니다. 나를 바꾸는 힘은 바로 나 자신에게 달려 있다. 내가 나를 키워야 한다.

"혈이 통해야 한다. 혈이 통해야 암을 방지할 수 있다." "운동은 혈관에 산소를 몸의 구석구석으로 보내는 항암제 역할을 한다." "물 마심은 피를 묽게 만들어 혈액순환을 좋게 만든다." "외로움은 100세 장수의 최대의 적으로 회원과의 좋은 인간관계 친교가 중요하다." 양재천의 아침운동에서의 고금섭 회장님은 매일 힘찬 구령과 함께 참가회원에게 강한 메시지를 보낸다. 고 회장님을 비롯한 임원진의 운동자세는 명품세트이다. 나완숙 운영위원장의 노젓기, 이상만 선생의 접시돌리기, 신진학 선생과 이송림 선생의 모범자세는 양재천의 아침모임의 가치를 증대시키는 데 기여한다. 임원진의 운동자세를 롤 모델로 정확한 자세를 습득하고, 신체의 가동범위(ROM: Range of Motion)를 점차적으로 증가시켜 몸의 유연성을 높이는 것이다. 음식은 궁합, 즉 조합(Combination)이 중요하다. 돼지고기 족발에는 새우젓, 피자에는 콜라, 스테이크에는 겨자소스를 곁들여 먹어야 제맛이 난다. 재미와 가장 잘 어울리는 궁합은 과연 무엇일까? 바로 의미라는 것이다. 재미가 깊은 맛을 느끼고 오래가기 위해서는 의미가 곁들여져야 한다. 마약, 섹스, 담배, 도박은 아주 재미있지만 오래가면 인생 망한다. 즉 즐길 수 있는 기간이 짧다는데 치명적인 단점이 있다. 재미와 의미가 만나면 삶의 질이 좋아지기에 우리가 행복해질 수 있다. 양재천의 아침은 건강과 재미와 의미가 만나는 곳이다. 우리는 이 모임을 통해 100세 이상 사는 것을 목표로 한다.

오늘도 아침에 일찍 일어나서 양재천을 따라 맑은 공기를 마시며 푸른 하늘을 보고 걸을 때, 내가 좋아하는 따뜻한 아침 빵을 살 때, 따뜻한 카페라떼를 먹으며 내가 좋아하는 책을 읽을 때, 그리고 가끔 아내와 근사한 브런치를 먹을 때, 이럴 때 나는 행복감을 느낀다. 행복한 삶은 삶에 대한 나의 만족감에서 온다고 한다. 누구나 각자 다르게 느끼는 일상에서 얻는 만족감이 정말 소중히 생각되어 저마다 열심히 만족감을 높이고자 하는 마음자세는 노후의 행복한 삶의 증진에 도움이 된다. 지금 내가 좋아하고 재미있는 일에 스스로 가치와 의미를 부여하여 즐거움을 느낀다면 바로 그게 행복으로 가는 지름길이다. 지금 행복을 느끼며 사는 사람은 최고의 철학자이고 지금 옆에 있는 사람이 소중하다는 걸 아는 사람이라면 인생의 고수라고 한다. 또한 여행은 재미와 의미가 만나는 대표적인 예로 해외여행에 대한 정보공유는 마음을 설레게 하고 모든 참여회원의 관심의 대상이 된다. 나는 여행의 질을 향상하기 위해서 조깅 연습을 한다. 해외여행지에서 일박 후 새벽에 숙박호텔 주위를 30분 정도 조깅하면 호텔 주위의 지도를 파악하여 안전여행에 큰 도움이 된다. 주 3회 30분 이상 유산소운동을 통하여 심폐기능을 향상시킨다.

3. 노인의 공동체 가치

1) 노인의 공동체 가치의 의미와 중요성

독거장수리스크관리는 노후에 외로움으로 인한 치명적인 병을 사전에 방지하는 최선의 방법이다. 좋은 인간관계를 유지하고 발전하는 것으로 좋은 삶(good life)을 실천하기 위하여 우리는 앞서 좋은 모임의 조건에서 구체적인 내용을 설명하였다. 좋은 모임은 우리가 원하는 바람직한 가치를 창출하므로 이를 공동체 가치 혹은 커뮤니티 밸류(Community Value)라고 한다.

좋은 공동체 가치는 노인의 삶의 질을 높이는 좋은 인간관계의 벤치마크가 된다. 노인 공동체 모임을 통해 우선 좋은 이웃과 교제하고 운동을 함으로써 체력을 증강시키고 친구를 사귀고 그들과 좋은 인간관계를 형성하여 외로움을 극복하고 이것이 발전되어 행복하고 의미 있는 삶이 된다면 외로움을 방지하는 최고의 방책이 된다. 우리보다 앞서 고령화가 진전된 미국, 일본, 북유럽의 노인 공동체의 선진 사례는 이미 우리가 고민하고 해결하고자 했던 많은 문제점에 대한 대안으로 연구할 만한 가치가 있다고 할 수 있다. 앞으로 운동의 충실은 물론 정신적 건강을 위한 지속적인 강의, 회원 간의 노인 건강을 위한 대화와 소통, 토론과 질문이 있는 열린 사회, 선진국에서 실시 중인 셰어하우스 등 공동체 가치에 관심을 갖고 연구하는 것은 모임의 질적 가치 향상과 진정한 발전을 위해 앞으로 꼭 필요할 것으로 생각된다. 공동체 가치를 높이는 캐치프레이즈(catchphrase) 등을 이용하여 모임 참여인원의 관심과 참여를 촉진시킨다.

"이웃집만 한 복지시설이 없다."

"믿을 만한 이웃이 있어 정말 행복하다."

"회원공동체주거문화를 이용하여 정신건강과 육체건강을 이룰 수 있다."

"공동체 가치는 보이지 않는 입주인 동료 노인들의 인간관계의 질적 가치이며 네트워크 가치이다."

2) 노인의 공동체 가치 증대를 위한 연구

2-1. 기업의 양 위주의 경영, 질적 경영 그리고 가치경영

바람직한 노인의 공동체 가치의 연구를 위해 우리나라 기업의 경영관리 발전단계로부터 반면교사 하여 바람직한 노인 공동체 가치의 발전에 참고코자 한다.

① 양 위주의 경영

6·25전쟁 이후부터 산업 초기에서 IMF 외환위기 이전까지 우리나라 기업의 대표적인 경영형태는 외형 위주의 성장경영으로 양 위주의 경영이었다. 경제발전의 초기단계에서 매출액 위주로 사업을 확장하는 경영전략을 많은 대기업이 이용한 것이다. 이 결과 한국 IMF 외환위기로 대우, 한보, 기아 등 많은 대기업은 물론 대출을 제공한 5대 시중은행(제일, 상업, 조흥, 한일, 외환은행)까지도 모두 도산하는 결과를 초래했다. 양 위주의 경영으로는 경제환경 변화로 회사가 어려울 때 견딜 수 있는 저력이 없다는 것을 깨달은 중요한 역

사적 교훈이 되었다.

② 질 위주의 경영

IMF 외환위기 이후 과감한 구조조정과 기업의 합병으로 책임경영체제가 확립되고 시장중심주의, 무한경쟁, 신자유주의 등 우리 사회 가치관의 큰 변화를 초래했다. 회사경영에 있어서는 외형(매출액)보다는 질(순이익) 위주의 경영으로 재무상태표상의 이익잉여금 증대를 통한 자본의 확충에 중점을 둔 CEO 중심의 질 위주의 경영이다.

③ 현금흐름 위주의 경영(가치 위주의 경영)

2008년 글로벌 금융위기는 미국의 리먼 브라더스 대형투자은행의 파산으로 국제적 금융위기로 확산되었다. 리먼 브라더스는 무분별한 파생금융상품 투자로 인한 유동성 관리의 실패로 결국 파산하게 되었다. 이에 기업의 경영방식도 질 위주의 경영은 물론 미래 불확실성에 유연하게 대응하기 위한 현금흐름 위주의 경영이 대세를 이루게 되었다. 현대 기업경영의 세계에서는 M&A(기업 합병 및 인수)시대라고 한다. 기업은 가치창출(Value Creation)을 경영의 최고의 목표를 삼고 기업의 영업 현금흐름이 우량한 기업을 인수합병 거래를 통한 가치경영에 중점을 두고 있다.

2-2. 노인 공동체 가치 단계별 적용방안

노인들의 각종 모임(공동체)을 효율적으로 관리하고 바람직한 공동체 가치를 실현하기 위한 방안으로 기업의 경영방법을 참고하여 단계별로 적용하고자 한다.

① 1단계: 총 회원 가입자 관리

노인 공동체 모임의 초창기에는 기업의 양적 경영방식을 도입하여 신규 회원 수 모집에 주력하는 마케팅을 전개하여 모임 가입에 따른 장점을 부각시켜 총 가입 회원 수 확대에 노력을 경주한다.

② 2단계: 양질의 회원 가입자 관리

노인 공동체 모임의 양질의 회원 가입자란 우선 정기적인 모임에 출석을 성실하게 하고 모임의 질적 발전을 기하는 데 봉사하고 헌신하는 회원을 말한다. 또한 회장을 중심으로 일할 중요 직책 간부회원으로 추천할 인재 양성 회원이다. 많은 참석회원 가입자가 있지만 출석을 게을리하고 모임의 봉사활동에 소극적인 회원은 양질의 회원으로 볼 수 없다. 즉, 양적 총 회원 수가 아니라 질적 회원 수의 증대에 목표를 두어 모임의 질적 개선에 노력한다.

③ 3단계: 가치 있는 회원가입자 관리

앞서 좋은 삶에 대한 하버드대의 연구결과에서 좋은 관계란 친구의 수는 중요하지 않고 관계의 질이 중요하다는 것이었다. 따라서 가치 있는 회원이란 모임(공동체)에서 회원 간의 좋은 관계의 질을 유지하고 공동체를 발전시킬 수 있는 회원으로 공동체 내에서 좋은 친교관계를 유지하여 취미활동이나 봉사활동을 같이 참여하여 공감대를 형성하고 공동체 가치의 증대에 봉사하고 헌신하는 회원을 말한다. 일본에서의 노인 공동체 모임인 셰어하우스에 입주하여 여생을 같이 보낼 수 있는 노인회원들 간의 공동체생활은 좋은 예라 할 수 있다.

우리의 일상을 규정하는 3개의 키워드는 첫째, 누구와 함께, 둘째, 무엇을, 셋째 어떤 마음으로 살고 있는가? 우선 좋은 친구를 사귀고 그들과 좋은 인간관계를 형성하는 것이 무엇보다 중요하다. 우선 친구에 대한 선각자들의 명언에 귀를 기울여 보자. "진정한 행복을 만드는 것은 수많은 친구가 아니며 선택된 훌륭한 친구들이다(벤 존슨)." "친구들에게 기대하는 것을 친구들에게 베풀어야 한다(아리스토텔레스)." "물은 어떤 그릇에 담느냐에 따라 모양이 달라지듯이 사람은 어떤 친구를 사귀느냐에 따라 운명이 결정된다(히구치 히로타로)."

3) 공동체 가치의 선진국 사례

3-1. 일본의 공동체주택 "셰어하우스"

공동체 가치모델로 일본의 셰어하우스(Share House)를 추천하고 싶다. 일본에서는 좁은 땅에 좋은 위치를 효율적으로 이용하기 위한 방편으로 노후가족 넷 혹은 다섯 가구들이 모여 사는 공동주택인 셰어하우스 또는 코렉티브하우스(Collective House)가 새로이 형성되어 인기를 끌고 있다고 한다. 셰어하우스의 특징은 각자 개별주택 공간이 있으면서 공유시설(공동취사시설, 체육시설 등) 공간이 넓다는 것이다. 셰어하우스에서 노인이 갖고 있는 외로움의 고충을 나누며 취미활동을 같이 하며 각 세대별로 "먼저 고충사항을 말하지 않으면 간섭하지 않는다" 등의 내부규칙을 만들고 취사, 거실 등은 공동시설로서 함께 이용하고 주치의를 두어 개개인의 건강 관리를 한다. 젊은이들만의 셰어하우스도 있고 노인과 중년층 그리고 젊은 층이 어우러진 셰어하우스도 있다. 노후의 좋은 삶이란 외로움 없이 좋은 뜻을 가지고 더불어 살아가는 삶으로 일본의 "셰어하우스"는 좋은 대안이 될 수 있다. 이들의 생각은 1억 3천만 인구가 좋은 위치에 자기 집(Core house)을 갖는 것은 대개의 경우 어려우므로 편리하고 좋은 위치에 노후의 공동체 가치를 활용하려는 방안이다. 최근에 넷플릭스를 통해 "Terrace House"라는 리얼리티 예능프로를 만들어 인기리에 방영되고 190개국에서 시청이 가능하다. 젊은 남자 몇 명 여자 몇 명이 하와이, 도쿄, 가루이자와에 위치한 테라스하우스에서 각기 다른 직업을 가진 입주자들이 어떻게 조화롭게 생활하고 보내는지를 재미있게 구성했다. 셰어하우스 입주자들은 서로가 서로를 위로해 줄 수 있어 가까이에서 즐거움을 나눌 수 있는 좋은 인간관계 이웃이라고 말할 수 있다.

우리 모임의 가치는 과연 얼마나 될까? 우리보다 먼저 경험한 미국, 일본 그리고 유럽 등 선진국에서의 노인 공동체 모임 운영은 좋은 벤치마크가 된다. 일본의 고령자들은 나서서 다 같이 즐겁게 늙어가는 동네 만들기에 한창이다. 그런 노인 클럽이 20만 곳이 된다고 한다. 이들은 여행, 영화관람, 사진작가, 시인, 화가, 역사전문가, 자원봉사활동가의 활동에 시간과 돈을 사용한다. 이들은 勉強會(연구회)를 만들고 이들은 경륜과 경험이 쌓여서 이어질 삶을 중요시한다.

미국의 선시티는 종합 개발 계획하에 건설한 은퇴자 공동체이다. 이들이 건설한 은퇴자 공동체는 여가 중심적이고 소비 지향적인 생활방식으로 플로리다주에 더 빌리지(The Villages)라는 노인 공동체를 건설했다. 더 빌리지 거주 은퇴자들은 플로리다주에 위치한 골프장에서 무료 골프를 즐긴다. 630홀 골프장에는 고급 9홀 코스 36개 골프장은 무료이며, 선수급 11개 골프장은 이용료 할인혜택이 주어진다. 골프 커트 5만 대, 골프 커트길 160km, 수영장, 체육관, 주민센터, 낚시터 겸 저수지 시설물들을 자유롭게 이용 가능하다. 현재 12만 4,000명이 살고 있는 대단지로서 빠르게 확장된 대도시권(맨해튼보다 훨씬 크다)을 이루고 있다. 19~55세 성인은 더 빌리지 안에 거주할 수 있으나 소유는 안 되며 55세 이상만 소유가 가능하며 아이는 1년에 30박 이상 잘 수 없다. 삶을 만끽할 수 있는 화려한 놀 거리가 풍부하고 모두 함께 누린다. "이곳에 오기 전에 뭘 했나요?"라고 아무도 묻지 않는다. 빼곡한 일정표에 모두가 즐거운 생활로 만끽한다. 이렇게 여가 중심적이고 소비 지향적인 생활방식으로 황금빛 노후를 맞이하고 있다. 이러한 더 빌리지의 생활방식에 대해 다수가 영원히 일선에서 물러나고 있고 이 때문에 은퇴자를 괴롭혀온 정체성 문제는 남아 있다. 또는 자신의 안락을 위해서라면 돈을 아낌없이 쓰는 이기적인 늙은이 이미지가 젊은 납세자 사이에서 분명 저항이 일어날 수 있다.[43]

3-3. 미국의 은퇴자 마을 공동체 보스턴 "비컨 힐"

비컨 힐(Beacon hill)은 보스턴 언덕에 위치하며 노인전용 요양시설로 옮겨 가지 않고 자기 집에서 계속 머물면서 오랫동안 정든 친구와 교류하며 단골 레스토랑에서 먹고 지역문화 행사를 즐기면서 살고 싶은 지식층 노인들로 구성되어 있다. 친목활동 일정표, 비컨 힐 마을 탐방(싱가포르, 영국, 독일, 중국에서 온 단체) 안내, 선행을 베풀자는 기풍, 복합적인 삶의 양상(비컨 힐 마을 회원 자격심사위원회, 자원봉사, 문화시설 이용, 연수회와 강좌, 동아리 등)을 추구하며 연회비는 675달러 외에 추가비용을 지불하지만 만족도가 매우 높았다. 미국 주민 65세 이상 노인의 87%가 이제껏 살던 집과 마을에서 그대로 늙어 가고 싶어한다. 100년 동안 은퇴자를 괴롭혀 온 정체성 상실 문제(일을 안 하면 난 뭐지? 욕실 사령관? 전혀 예상치 못한 미지의 신세계)를 고민하고 있다. 중년에 직업이 있다는 말은 곧 도시에 산다는 의미다. 이들은 아름다운 바닷가 집에서의 생활은 따분하기 그지없었다고 생각하고 있다. 비컨 힐 마을은 복합적인 삶의 양상을 인정하고 받아들이며 누군가를 보살피거나 다른 세대와 소통하거나 문화시설을 애용하거나 자원봉사활동을 하거나 직장에 다니는 일도 포함하고 있다. 미국에서 실제 비컨 힐 마을식 공동체 발전을 촉진하여 "비컨 힐 마을 모형"에 따라 190개 마을이 새롭게 생겨났다.[44]

3-4. 핀란드의 협동조합아파트

핀란드는 1인 가구의 비중이 49%(한국은 29%)로 "노인협동조합
아파트" 형태로 입주 노인 각자가 주주로서 이들이 직접 아파트를
짓고 노인총회에서 새로운 입주자를 선정한다. 대개 5~6층 규모의
아파트 규모로 정부에서 많은 예산지원이 뒷받침된다고 한다. 일반
적으로 입주민 간에 "나이를 묻지 않는다"라고 한다.

3-5. 독일의 노인공동임대주택

독일의 노인의 다세대공동임대주택은 50%의 예산을 정부가 지원
하고 있다. 이웃이 가족 구성원의 일부가 된다는 생각에 공동주택
내에 "생애시니어 돌봄센터"를 운영하여 입주회원들이 순번을 정해
근무하고 있다. 노인공동체주택에 입주하는 데 가장 중요한 것은 함
께 주거할 노인 친구를 정하는 것이다.

노인공동체주택에 입주하기 전에 가치 있는 대상회원들과 과연
오랫동안 공동체주택에서 같이 살 수 있을까? 이와 같은 고민을 해
결하기 위한 방법으로 입주 전 다음의 동반 여행을 추천하고 싶다.
7일간의 시베리아횡단철도여행, 스페인 산티아고(Santiago) 순례길
트레킹(Trekking), 미국 장거리 PCT(Pacific Crest Trail. 4,300km)
트레킹 코스를 동반 여행을 끝내고 나면 쉽게 공동체 주택에 평생
친구가 될 것인가를 결정할 수 있다고 생각해 본다.

제4부

::

노령담론

제1장 노령담론의 의미와 편견

　담론(Narrative)은 일반적으로 한마디의 말보다 큰 일련의 말들 혹은 큰 일련의 문장을 가리키는 언어학적 용어로서 학계에서 논문에 자주 사용한다. 노령담론(Narrative of aging)은 노년의 삶과 노화를 보는 일반적인 사고방식을 가지고 다양하게 이야기하는 일련의 말들로서 "노년의 삶은 궁핍하고 이기적이며 쓸모없는 타자로 거듭난다"[45]로 언급되기도 한다. 이는 오랫동안 은퇴자를 괴롭혀 온 정체성의 문제이기도 하다. 그러나 미국 학계를 중심으로 재조명되고 있는 장수경제(Longevity Economy)란 은퇴 대열에 들어선 나이가 든 노년층이 경제와 소비를 주도하는 현상을 말한다. 신용평가회사 무디스에 따르면 2018년 미국 전체 소비의 43%가 중·노년층에 의해 이뤄졌다. 우리나라도 60대 이상의 소비가 늘고 있다. 노인층의 주축을 이루는 베이비붐 세대(Baby Boom Generation)들은 자립적이고 품격 있는 삶을 누리며 미국, 일본 등 선진국의 소비를 주도하고 있다. 노인들은 중·장년층, 젊은 층과 더불어 같이 풍요롭게 잘 살기를 원한다. 그래서 사실과 다른 노령담론을 주도적으로 바꾸기를 원하고 있다.

　노인에 대한 일반적인 편견에 대한 내용은 다음과 같다.

첫째, 노인은 궁핍하고 가난하다.

한국의 노인 빈곤율은 45.7%로 OECD 국가 평균 12.5% 대비 높은 수준으로 OECD 노후빈곤율은 1위를 나타내고 있다. 따라서 65세 이상 노인들은 신체적으로 생계를 꾸려 나가기 어렵다고 생각하고 있다.

둘째, 노인은 노화(Aging)로 인해 아프며 늙어 간다.

노화로 인해 병원에 자주 가야 하고 외모가 매력적이지 않고 외적 혐오감이 있다.

셋째, 노인은 은퇴 후 일을 하지 않는다.

은퇴하면 일을 중단한다. 일을 하지 않는 노인을 향한 암묵적 편견으로 노년이란 삶에 아무런 가치도 없다고 생각한다.

넷째, 노인은 이기적이다.

노인의 복지후생비용의 증가로 노인층은 복지예산을 많이 쓰는 차세대 시한폭탄(의료보험, 국민건강보험의 증가, 그리스 재정위기 초래)이며 노인은 젊은 층의 일자리를 뺏는다.

다섯째, 노인을 하나의 동일 인구집단인 "노인집단"으로 여기는 경향이 있다.

노인은 일도 못하고 몸도 아픈 가련한 존재로 스스로 생계를 꾸릴 수 없어 타인의 후의에 기대어 사는 존재이다. 그러나 노인집단 전체로 보는 것은 획일적이고 무개성적이며 다양한 고령층이 겪는 다채로운 삶의 경험을 포용하는 것이 바람직하다.

제2장 베이비붐 세대의 실상

베이비붐 세대는 미국, 일본 등 선진국의 중·장년층의 주류로서 정치적·경제적으로 영향이 있는 그룹을 점유하고 있다. 특히 미국의 베이비붐 세대, 일본의 단카이 세대 그리고 한국의 베이비붐 세대의 주요 특징은 다음과 같다.

1. 미국의 베이비부머 세대

미국의 베이비붐 세대는 평화와 번영의 시대(peace & growth age)를 이끌고 안정과 풍요 그리고 경기호황을 구가한 세대로 부시, 클린턴, 트럼프 대통령이 이에 해당한다. 밀레니얼 세대(Millenials: 15~35세)는 약 9,200만 명, X세대(36~50세)는 약 6,100만 명, 베이비부머(Baby boomer: 51~70세)는 약 7,700만 명의 인구분포를 나타내고 있다. 미국은 국민총생산(GNP)량에서 소비가 차지하는 비중이 70% 이상으로 높으며 55세 이상 중·장년층 인구가 전 소비의 70% 이상을 점유하고 있다.

2. 일본의 단카이 세대

제2차 세계대전 직후인 1947~1949년에 태어난 일본의 베이비붐 세대로 약 800만 명에 달한다. 단카이는 덩어리란 뜻으로 이들 세대가 대량 생산형 조직사회에 순응적이면서 동 세대끼리 잘 뭉치는 성향에 따라 붙여진 것이다. 이들은 일본의 고도성장시대의 원동력이 되었다.

3. 한국의 베이비부머 세대

6·25전쟁 이후인 1955~1964년 출생자들을 의미하는 베이비붐 세대는 대한민국 인구 중 14.6%(713만 명)에 이른다. 한국의 경제성장 역군으로 활약하며 절대적 빈곤에서 벗어났음에도 성장 과정에서 극도의 가난과 IMF 경제위기 등 한국경제의 주요 사건을 온몸으로 경험한 만큼 소비 대신 저축을 중시한다. 최근 효의 가치관 붕괴로 자손에게 돈을 물려주지 않고 풍요롭게 자신을 위해 쓰려고 한다.

이들 베이비붐 세대들은 고령화사회에서 주로 부유한 사회나 이런 사회에 사는 고학력, 고소득 인구 층으로 오래 살고 장수사회의 혜택을 누리고 있다. 미국은 백인, 라틴계 미국인, 아시아계 미국인 순으로 더 부유할수록, 더 배울수록 오래 살 뿐만 아니라 노년에 더 건강한 삶을 누린다. 선진국 공동체 가치의 모범 사례에서 설명했듯이 미국의 은퇴자 마을 공동체 더 빌리지(The Village)는 플로리다 노인천국이며 보스턴의 노인전용 마을 모형인 비컨 힐(Beacon hill)

은 부유한 노인지식층의 마을이며, 일본의 셰어하우스(Share house)는 20만 개 이상의 노인클럽으로 공동체주택에서의 보람 있고 행복한 삶을 보여 주고 있다.

제3장 노령담론에 대한 노인들의 대책

노령담론은 노인들의 정체성을 괴롭히고 있다. 우리가 살기 좋은 노인 천국을 건설하여 노후에 즐겁고 건강한 삶을 누려도 노령담론에 대한 편견을 능동적으로 시정하고 청년세대 및 중년세대와 더불어 잘 살 수 있는 환경을 조성하며 노인이 사회에 이바지할 수 있다는 사회적 공감대를 형성해야 하는 것은 참으로 중요하다. 이는 앞으로 노인생활을 더욱 행복하고 윤택하게 만드는 중요한 계기가 된다고 생각한다. 이를 위한 노인들의 대책을 다음과 같이 열거하여 검토해 보고자 한다.

첫째, 선진국의 공동체 가치 모범 사례연구 및 소개를 통한 고령의 밝은 미래를 담은 장수촌의 이야기는 청년 세대와 중년 세대에게 미래가 희망적이라는 근거를 제시할 수 있다.

둘째, 쾌락보다는 절제된 삶을 중시한다. 과식, 무분별한 개인행동을 자제하고 부부의 화평하고 즐거운 모습을 보여 준다. 절약하는 길은 생존과 직결한 요구에 초점을 맞추려고 노력한다. 뜬구름 같은 욕망에까지 낭비해서는 안 된다. 그렇다면 노인이 지닌 사랑이나 성생활, 자존심이나 개인적 혹은 직업적 야망을 포함해 높은 수준의 욕구를 적극 수용하는 때는 결코 아니라는 것이다. 노쇠현상은 모두 생명력을 허비한 데서 기인되며 술, 담배, 여자를 멀리한다. 과식하고 부적절하고 격렬한 활동은 피하며 이는 운동선수의 노쇠현상이기도 하다. 치매는 뇌의 영양소(문자, 숫자, 언어) 공급 부족으로 인지기능 저하를 초래하므로 치매 방지를 위해 무목적, 무의도, 무의미의 실존적 공허상태가 되지 않도록 방지에 노력한다. 노인은 따사로운 햇볕을 받으며 크루즈여행과 골프를 즐기는 것만으로는 부족하다.

셋째, "은퇴하면 일을 중단한다"보다는 일, 자원봉사, 취미 등 여가활동을 통해 사회에 기여한다. 젊은이의 능률주의에 맞서지 않으며 노인은 더 이상 일꾼으로서 사회에 이바지할 수 없고 늙으면 경제 생산활동에 맞지 않는다는 오랜 통념을 바꾸도록 노력한다. 은퇴(Retire)는 "새 바퀴(Re-tire)를 다는 것"으로 그간 수십 년 일하며 얻은 지식과 경험, 노하우로 새로운 일의 영역을 개척하고 봉사하는 것이다. 주머니에 돈이 있는 65세 이상 건강한 사람에게는 굳이 휴양은 필요하지 않다. 그들은 대신 할 일이 필요하다. 단순한 여가 활용이 아닌 타고난 재능, 경험 그리고 지혜로 또한 정연한 논리로도 이해할 수 있는 삶의 방식에 노인의 특권을 향유한다는 자부심에 돈을 쓰기를 즐긴다.

넷째, 시대변화에 따른 노동총량의 오류가 있음을 알려야 한다. 유효한 일자리는 언제든지 시대요청에 따라 변하고 노인은 새로운 일자리를 만들 수 있기에 노동총량의 오류에 빠지지 않아야 한다. 은퇴한 숙련노동자를 대우하는 일본, 독일, 한국(예: SK하이닉스)의 숙련기술자 재고용 사례는 좋은 예라 할 수 있다. 미국, 영국, 캐나

다, 호주 등에서는 조종사 등 일부 직종을 제외하고 정년제가 금지되어 있다. 일본은 노인의 기준을 65세에서 70세로 상향을 국회에서 검토 중이다. 한국 일반 노동자의 일할 수 있는 나이를 60세에서 65세로 대법원이 판결했다. 따라서 노인은 스스로 새로운 일을 개척하여 젊은이의 일을 빼앗지 않는다는 인식전환이 필요하다.

다섯째, 노인은 궁핍할 뿐 아니라 이기적이라는 인식을 개선한다. 사회보장제도, 노인 의료보험, 저소득층 공공보험의 파산 가능성에 대해 세금을 내는 젊은 층에게 노인 세대 부양은 이타적 행위로 본다. "이기적인 늙은이(자신의 안락을 위해서라면 펑펑 써대면서도 아이를 위해서는 주머니를 졸라매고 있다는 통념)"라는 인식을 없애도록 노력한다.

여섯째, 젊은이, 중년, 노인층이 어울리는 혼합형 사회생활을 추구한다. 노인을 이기적으로 보는 젊은이의 시각은 인류 역사상 가장 무거운 복지예산의 책임에서 비롯됐다. 이런 짐의 굴레에서 벗어나 충만한 삶을 살고 싶어 하는 젊은 세대의 요구는 정당한 욕망이다. 젊은이 대 노인이라는 이분법적 접근보다 젊은이, 중년, 노인층이 어울리는 혼합형 접근이 유효하다. 최근 일본의 셰어하우스에 젊은이, 중년, 노인이 함께 사는 혼합형 공동체주택의 증가는 더불어 사는 삶의 좋은 예라고 할 수 있다.

일곱째, 노인은 매력자본(Attractive Capital) 증진을 위해 노력한다. 런던정치경제대 캐서린 하킴 교수가 언급한 용어로 노인은 건강하게 오래 살면서 매력적으로 나이 드는 것에 노력해야 한다고 주장

한다. 매력자본은 타고난 외모뿐만 아니라 신체적인 건강과 사회적인 열정을 포함하는 개념이다. 체중관리를 잘한 매력적인 사람이 그러지 않은 비호감형 인물보다 월급을 15%나 더 받고 빨리 승진한다는 조사결과도 있다. 건강한 육체는 겉모습과 내면을 다 아름답게 해 준다. 뇌가 건강하지 않으면 몸이 건강해도 소용없다. 따라서 노인의 매력을 증대시켜 법정나이보다 뇌(정신)나이 그리고 육체나이를 젊게 하도록 노력한다. 다윈은 자연선택에서 인간은 미적 취향을 가진 심미적 존재로서 진화는 적자생존에 관한 것만이 아니라 개체가 주관적 경험에서 느끼는 매력과 감각적 기쁨에 관한 것이기도 하다고 언급했다. 헬스장(Fitness)에서 젊은 몸과 외모 만들기를 하여 노인의 매력자본을 증가시킨다.[46]

여덟째, 노인은 자기주도적인 삶을 살아야 한다. 독일 예나 프리드리히 실러 대학교 연구팀은 116명의 노인을 대상으로 연구를 진행하였다. 일상생활의 자기주도 정도, 건강상태, 자신이 느끼는 나이 등을 조사했다. 여기서 자기주도 정도란 먹고 싶은 것을 먹고 보고 싶은 것을 보는 등 원하는 대로 하루를 보냈다는 것을 의미한다. 연구결과 노인들이 자기주도적으로 하루를 보냈을 때 실제 나이보다 최대 4살 젊게 생각되는 것으로 나타났다. 연구팀은 자기 의지대로 생활을 하면 성취감을 더 크게 느끼고 나이도 실제보다 젊게 느낀다고 말했다. 일상을 자기주도적으로 보내는 노인들은 스스로를 더 젊게 생각한다.[47]

아홉째, 건강한 노후생활에서 최대 천적은 "사회적 고립"임을 확인했다. 미국 은퇴자 협회(AARP: American Association of Retired Person)는 회원들의 새로운 내용의 이야기, 새로운 삶의 방식 등 노인시장(Senior market)을 조성한다. 미국 커넥트 어라운드(Connect Around: 은퇴자 공동체 주민을 위한 민간 사회 연결망) 데이트 웹사이트 "스티치(활기찬 사람이 즐겁게 살도록 돕는다)" 등은 노인이 외로움에서 벗어나 생활하도록 많은 도움을 주고 있다. 노인은 忘年之交(나이를 잊고 젊은 사람과 교제하라)하며 새로운 친구와 사귀도록 노력한다.

열째, 매슬로(Maslow)의 욕구단계를 실천한다. 인간의 욕구는 위계적으로 조직되어 있으며 하위단계의 욕구충족이 상위계층 욕구의 발현을 위한 조건이 된다. 즉, 생리적 욕구로부터 자아실현의 욕구가 이루어지는 삶이 되도록 노력한다.

1. 생리적 욕구: 인간에게 나타나는 가장 기본적이면서 강력한 욕구
2. 안전의 욕구: 두려움이 아닌 평상심과 질서를 유지하고자 하는 욕구
3. 애정과 소속의 욕구: 조직을 이루고 원활한 인간관계를 유지하고자 하는 욕구
4. 존중의 욕구: 자기존중과 타인으로부터 존중받고자 하는 욕구
5. 자아실현의 욕구: 각 개인의 타고난 능력 혹은 성장 잠재력을 실행하려는 욕구로 인간 삶의 완성이라고 주장함.[48]

제4장 주전자의 삶

이제 장수리스크관리의 집필을 마무리하면서 과연 나 자신은 어떤 마음가짐으로 노후의 여생을 살아가야 할 것인가 조심스레 질문하면서 다음의 주전자의 삶을 언급하고 싶다.

첫째, 주도적인 삶을 살자.

노년은 자기주도적 삶을 영위할 적기이다. 자기주도적인 삶을 영위하는 것으로 젊었을 때에는 직장에서는 숨 돌릴 틈 없는 일상에 시달리지만 노년의 삶으로서 추구하기에 알맞다. 인간은 깊은 숙고와 자의식을 통해 자기 나름의 가치를 만들어 의미를 구축하는 자유로운 존재이다. 이 가치는 개인이 구축하는 것이며 내 삶을 결정하는 것은 타인이 아니라 나 자신이다. 이 자유는 누구나 자신의 마음속에 존재하는 자신의 고유성을 담보하는 불문율(不文律)이다. 인간은 자기 자신이다. 인간은 허리를 꼿꼿이 펴고 머리를 들어 정면을 응시하고 눈앞에 떨어진 음식 쪼가리에 자신이 가고자 하는 목표를 향해 한 걸음 한 걸음 걸어가는 사족행 짐승이 아니라 이족보행 짐승이다. 그런 인간은 자신의 일거수일투족이 스스로 선택한 결과이며 그것을 위해 자신의 목숨도 내놓을 수 있는 순교자적인 인물이 되기도 한다.

둘째, 전문적인 지식을 갖자.

랄프 에머슨(Ralph Emerson)이라는 미국 보스턴의 시인이자 철학자는 다음과 같이 말했다. "어떤 사람이 다른 사람들보다 더 훌륭한 책을 쓰거나 더 감동적인 설교나 강의를 하거나 더 위대한 신제품을 개발하면 비록 그가 세상과 격리되어 한적한 숲에 살고 있다 해도 이 세상 사람들이 그 집 앞에서 무릎을 꿇을 것이다." 또한 그는 『자립』이라는 에세이에서 "자립(自立)이란 자신의 능력과 잠재적인 힘을 신뢰하는 용기다. 내가 지니지 않은 부나 명예를 부러워할 필요는 없다. 나는 나에게 할당된 운명을 가지고 나의 길을 용감하게 헤쳐 나갈 뿐이다"라고 말했다. 이 철학자의 말씀이 『금융리스크관리』, 『장수리스크관리』 책을 집필할 때 많은 자극이 되었으며 리스크관리를 전문 분야 지식으로 계속 보완 발전시킬 생각을 갖게 되었다. 전문성은 결코 늦지 않는다. 하루에 가장 질 좋은 시간 2시간 이상을 자신의 전문 분야에 투자하여 평생 학습을 통해 자신만의 전문성을 키워야 한다.

전통적인 기업 생산의 요소는 1. 토지, 2. 노동, 3. 자본이다. 현대적 생산요소에는 기술과 지식이 추가되었다. 기술과 지식은 전문적 지식을 의미하며 지적 호기심(Intellectual Curiosity), 위대한 질문, 연상(Association), 상상(Imagination), 창의성의 훈련을 통해 전문적 지식을 습득하고 특히 이들은 성장하는 젊은 세대에 중요하다. 노인에게도 4차 산업과 같은 시대적 환경변화에 능동적으로 대처하고 자신에게 알맞은 "업(일)"을 유지 발전하기 위해서는 전문적 지식은 반드시 갖추어야 할 자질로 생각된다. 자신이 하는 일을 즐기고 세상과 더불어 살아가는 신선한 삶의 실천자가 되기 위해서는 나만의 전문지식을 갖도록 꾸준히 노력하며 성장해 나가야 한다.

셋째, 자부심 혹은 자존감을 갖자.

자부심이란 존재를 구성하는 핵심이다. 자존감은 자신을 귀하게 여기고 스스로 존중하는 감정으로 나 자신의 내면세계에 존재한다. 이것은 뿌리 깊고 견고한 나무 같아서 웬만한 태풍에 쉽게 흔들리지 않는다. 삶의 궁극적인 목적은 주체성과 존엄성을 가지고 나를 표현하는 것이다. 인간의 존엄과 가치인 인권의 목적도 결국은 인간의 존엄성을 유지하며 인간답게 사는 것이다. 삶의 궁극적인 동력은 주체성이며 자기로부터의 혁명이며 변혁, 발전의 기원은 자발성에 있기 때문이다.

우리 모두가 재건축의 삶(재미있고 건강하며 축복된 삶), 재건의의 삶(재미있고 건강하고 의미 있는 삶), 그리고 주전자의 삶(주도적인 삶 그리고 전문직 지식을 갖추고 자존감을 갖는 삶)으로 노년을 살아가기를 기대한다.

| 참고문헌 |

1) EBS 제작팀, 『100세 수업』, 월북, 2018, pp.186~192.

2) 한국경제신문 기사, "금융소비자 교육이 금융복지 지름길", 2019.

3) 조선일보 기사, "노인빈곤율 47%? 자산 포함 땐 29%로 뚝".

4) 조명기·나혜림, 『은퇴 후 소비지출행태와 시사점』, 삼성생명 은퇴연구소, 2017.9.

5) 최승우, 『다운 시프트』, 용오름, 2019, pp.72~76.

6) 오종윤, 『인생의 절반은 부자로 살자』, 끌리는 책, 2011, pp.89~128.

7) 한국경제신문 기사, "노후생활비 얼마나 필요할까?", 2019.2.

8) 매일경제 기사, "P.I.S.A로 준비하는 노후 재테크", 2018.11.23.

9) 박광수 외, 『개인재무설계』, 경문사, 2010, pp.220~276.

10) 조명기, 『은퇴 후, 3단계 자산관리 방법』, 삼성생명(주) 은퇴연구소, 2018.1.

11) 김경수·박대근, 『거시경제학』, 연암사, 1999, pp.317~332.

12) $790,509,596 = \frac{4,000,000}{0.003}(1 - \frac{1}{(1.003)^{360}})$. 년4%는 월 0.3%(4%/12)로 계산함 (4/12=0.3333).

13) $790,509,596 = C \times \frac{1.003^{360} - 1}{0.003}$ C=1,222,486

14) 박영석, 『재무의 이해』, 시그마프레스, 2009, pp.202~222.

15) 연금복리계수 $\frac{(1+0.04)^{30} - 1}{0.04} = 56.08$

연금현가계수 $\frac{(1+0.04)^{25} - 1}{0.04(1+0.04)^{25}} = 15.62$

$56.08(60,000,000-C) = 15.62C$ C=46,928,870(월 3,910,739원)

16) $\frac{5,000,000}{0.003}(1 - \frac{1}{(1.003)^{360}}) = 1,099,758,306$

17) $1,099,758,306 = \frac{x}{0.003}(1 - \frac{1}{(1.003)^{660}})$. x=3,829,593

18) Robert C. Merton 외, 『Financial Economics』, FEARSON Education, 2009, chapter 5, pp.149~169.

19) https://www.ncc.re.kr, 국가 암 검진 사업, 2019.

20) Harrison's Principles of Internal Medicine. 19th ed. Mc Graw Hill, 1439~1660, 2015.

21) 뇌졸중, 대한뇌졸중학회, 범문 에듀케이션, 2015.

22) ① https://www.nid.or.kr/info/diction_list1.aspx?gubun=0101, 보건복지부 중앙치매센터, 2019.
   ② HJ Kim, KH Choi, SH Kim, JL Cummings, DW Yang. Validation study of the Korean version of the brief clinical form of the neuropsychiatric inventory. Dement Geriatr Cogn Disord Extra 2016;6:214-221.
   ③ YH Kim, NH Kim, MH Jung, HJ Kim. Sex differences in metabolic risk indicator of dementia in an elderly urban Korean population: A community-based cross-sectional study. Geriatr Gerontol Int 2017;17: 2136-2142.
   ④ HJ Kim, YS Yang, JG Oh, SG Oh, HJ Choi, KH Kim, SH Kim. Effectiveness of a community-based multidomain cognitive intervention program in patients with Alzheimer's disease. Geriatr Gerontol Int 2016;16:191-199.

23) ① Halpern A, Mancni MC, Magalhaes ME, Fisberg M, Radominski R, Bertolami MC, Bertolarmi A, de Melo ME, Zanella MT, Queiroz MS, Nery M. Metabolic syndrome, dyslipidemia, hypertension and type 2 diabetes in youth: from diagnosis to treatment. Diabetol Metab Syndr. 2010;18:55.
   ② Kaur J. A comprehensive review on metabolic syndrome. Cardiol Res Pract. 2014;2014:943162.

24) ① Shin JA, Lee JH, Lim SY, Ha HS, Kwon HS, Park YM, Lee WC, Kang MI, Yim HW, Yoon KH, Son HY. Metabolic syndrome as a predictor of type 2 diabetes, and its clinical interpretations and

usefulness. J Diabetes Investig. 2013;4(4):334-143.

② Kahn R, Buse J, Ferrannini E, Stern M, American Diabetes Association, European Association for the Study of Diabetes. The metabolic syndrome: time for critical appraisal: joint statement from the American Diabetes Association and the European Association for the Study of Diabetes. Diabetes Care. 2005;28(9):2289-2304.

③ Shin JA, Lee JH, Lim SY, Ha HS, Kwon HS, Park YM, Lee WC, Kang MI, Yim HW, Yoon KH, Son HY. Metabolic syndrome as a predictor of type 2 diabetes, and its clinical interpretations and usefulness. J Diabetes Investig. 2013;4(4):334-143.

④ Kahn R, Buse J, Ferrannini E, Stern M, American Diabetes Association, European Association for the Study of Diabetes. The metabolic syndrome: time for critical appraisal: joint statement from the American Diabetes Association and the European Association for the Study of Diabetes. Diabetes Care. 2005;28(9):2289-2304.

25) ① Shin J, Park JB, Kim KI, Kim JH, Yang DH, Pyun WB, et al. 2013 Korean Society of Hypertension guidelines for the management of hypertension: part III-hypertension in special situations. Clin Hypertens. 2015;21:3.

② Shin J, Park JB, Kim KI, Kim JH, Yang DH, Pyun WB, et al. 2013 Korean Society of Hypertension guidelines for the management of hypertension. Part II-treatments of hypertension. Clin Hypertens. 2015;21:2.

③ Group SR, Wright JT, Jr., Williamson JD, Whelton PK, Snyder JK, Sink KM, et al. A Randomized Trial of Intensive versus Standard Blood-Pressure Control. N Engl J Med. 2015;373(22):2103-16.

④ Williams B, Mancia G, Spiering W, Agabiti Rosei E, Azizi M, Burnier M, et al. 2018 ESC/ESH Guidelines for the management of arterial hypertension: The Task Force for the management of arterial hypertension of the European Society of Cardiology and the European Society of Hypertension: The Task Force for the management of arterial hypertension of the European Society of Cardiology and the European Society of

Hypertension. J Hypertens. 2018;36(10):1953-2041.

⑤ Korean Society H, Hypertension Epidemiology Research Working G, Kim HC, Cho MC. Korea hypertension fact sheet 2018. Clin Hypertens. 2018;24:13.

26) 성경 전도서, 2장 24절, 3장 13절.

27) 최승우, 『다운 시프트』, 용오름, 2019, pp.143∼144.

28) 찰스 핸디, 강혜정 옮김, 『포트폴리오 인생』, 에이지21, 2008, pp.203∼227.

29) 한국경제신문 기사, 권영설의 블루오션 시프트, "언제까지 일할 것인가?", 2019.8.2.

30) 김재인, 『금융리스크관리 제5판』, 다산출판사, 2017, pp.21∼22.

31) 박재희, 『3분 고전』, 작은 씨앗, 2015, pp.192∼193.

32) 헬렌 니어링, 이석태 옮김, 『아름다운 삶, 사랑 그리고 마무리』, 보리, 2003, p.29, 99.

33) One Asia Convention Tokyo. 원 아시아 재단 사토 요지 이사장, <어디에서 왔는가 누구인가? 어디로 가는가?>, 강의록, 2016.9.22.

34) 조지 베일런트, 이덕남 옮김, 『행복의 조건』, 프런티어, 2018, pp.89∼96, 조지 베일런트, 최원석 옮김, 『행복의 비밀』, 21세기북스, 2017, pp.203∼256.

35) 조지 베일런트, 최원석 옮김, 『행복의 비밀』, 21세기북스, 2017, pp.351∼387.

36) 최인철, 『굿 라이프』, 21세기북스, 2018, pp.29∼39.

37) 조지 베일런트, 이덕남 옮김, 『행복의 조건』, 프런티어, 2018, pp.9∼80, 조지 베일런트, 최원석 옮김, 『행복의 비밀』, 21세기북스, 2017.

38) 한국경제신문 기사, "웰다잉 준비⋯ 인생정리. 노후계획 엔딩 노트부터 써보라".

39) 경희대 총동문회 신문 게재, 글쓴이 김재인.

40) 김지현·김혜령, 『국내 국민연금 수급자의 은퇴생활 보고서』, KEB하나은

행 하나금융경영연구소, 2019.4.

41) 조지프 코글린, 김진원 옮김,『노인을 위한 시장은 없다』, 부·키, 2019, p.382.

42) 윤석은,『은퇴자의 라이프스타일과 노후소득』, 삼성생명 은퇴연구소, 2017.7.

43) 조지프 코글린, 김진원 옮김,『노인을 위한 시장은 없다』, 부·키, 2019, pp.195~225.

44) 조지프 코글린, 김진원 옮김,『노인을 위한 시장은 없다』, 부·키, 2019, pp.226~242.

45) 조지프 코글린, 김진원 옮김,『노인을 위한 시장은 없다』, 부·키, 2019, p.63.

46) 한국경제신문, "장수경제와 매력자본", 2019.

47) 조선일보 기사, "자기 주도적인 노인 스스로 젊다고 느낀다", 2019.4.26.

48) 조지프 코글린, 김진원 옮김,『노인을 위한 시장은 없다』, 부·키, 2019, pp.9~124, pp.195~242.

김재인(Kim Jae In)

제일은행에 입행하여 오사카지점 대리, 동경지점 차장으로 8년간 해외지점 주재근무를 했으며 이때 동경 소재 호세이대학교에서 경제학 석사 학위를 받았다. 귀국 후 주로 본점 부서 상품개발팀장, 경영관리실장, 리스크관리부장, 자산부채관리부장 등을 역임했다. 이때 경희대학교에서 경영학 박사를 취득했다. 32년간의 은행생활을 Standard Charted 제일은행 상무로 마감했다. 이후 고려대학교 정기공채에 지원하여 공과대학 산업경영공학부와 기술경영전문대학원(MOT) 전임 교수가 되었다. 학교에서는 실무 위주의 재무관리, 기술가치평가, 금융리스크관리, 금융기관경영론 등을 강의했다. 퇴직 후 숙명여자대학교 초빙교수, 경희대학교 객원교수를 거쳐 서울시립대, 중앙대, 카톨릭대, 덕성여대 등에서 강의를 하였다.

『금융리스크관리 제5판』의 저자로서 그리고 NCS(국가직무능력표준) 『리스크관리』와 『주식. 채권운용』 대표집필자로서 리스크관리 연구분야의 발전을 위해 노력했다.

현재 암호자산 금융플랫폼(Crypto Currency Banking Platform)인 BASIC 회사에서 CRO(Chief Risk Officer)로 재직 중이다.

권성준(Kwon Sung Joon)

한양대학교 의과대학 졸업 후 한양대학교병원 외과에서 1988년 전임강사로 시작하여 의과대학 교수협의회 회장, 의료원 기획관리실장, 암 센터 소장, 한양대학교병원 병원장, 대한위암학회 회장, 대한소화기학회 부회장 등을 역임하였다.

외과 교과서인 외과학, 위암과 위장관 질환, 임상 종양학, 외과수술 아트라스의 공동 저자로 집필활동을 하였다.

EBS "명의" 프로그램에 소개되었으며(2008년 1월), 일반 시민을 대상으로 한 건강강좌를 수십 회 시행하였다. 2011년부터 KBS2TV "영상앨범 산"에 출연하여(7회) 건강관리의 일환으로 산행의 즐거움과 유용성을 널리 알렸다.

현재 한양대학교 병원 외과 교수로 재직 중이다.

장수리스크관리

초판인쇄 2019년 10월 18일
초판발행 2019년 10월 18일

지은이 김재인·권성준
펴낸이 채종준
펴낸곳 한국학술정보㈜
주소 경기도 파주시 회동길 230(문발동)
전화 031) 908-3181(대표)
팩스 031) 908-3189
홈페이지 http://ebook.kstudy.com
전자우편 출판사업부 publish@kstudy.com
등록 제일산-115호(2000. 6. 19)

ISBN 978-89-268-9664-8 93330